南京农业大学经济管理学院论丛
—— 博士论文卷 ——

中国人口变迁与粮食需求研究

China's Demographic Dynamics and Food Security

向晶 ◎ 著

项目资助：国家自然科学基金"人口变化，城乡人口流动和中国农业和农村的发展"（71361140370）；
国家社科基金项目"未来劳动力供求总量及结构变化趋势研究"（14CJY014）。

图书在版编目（CIP）数据

中国人口变迁与粮食需求研究/向晶著 . —北京：经济管理出版社，2017.12
ISBN 978 – 7 – 5096 – 5576 – 4

Ⅰ.①中… Ⅱ.①向… Ⅲ.①人口—变迁—关系—粮食—需求—研究—中国 Ⅳ.①C924.24 ②F326.11

中国版本图书馆 CIP 数据核字（2017）第 313431 号

组稿编辑：曹　靖
责任编辑：杜　菲
责任印制：司东翔
责任校对：董杉珊

出版发行：经济管理出版社
　　　　　（北京市海淀区北蜂窝 8 号中雅大厦 A 座 11 层　100038）
网　　址：www.E – mp.com.cn
电　　话：（010）51915602
印　　刷：三河市延风印装有限公司
经　　销：新华书店
开　　本：720mm×1000mm/16
印　　张：10.5
字　　数：200 千字
版　　次：2018 年 6 月第 1 版　2018 年 6 月第 1 次印刷
书　　号：ISBN 978 – 7 – 5096 – 5576 – 4
定　　价：68.00 元

·版权所有　翻印必究·
凡购本社图书，如有印装错误，由本社读者服务部负责调换。
联系地址：北京阜外月坛北小街 2 号
电话：（010）68022974　　邮编：100836

编委会名单

主　任　朱　晶
副主任　耿献辉　林光华
委　员　钟甫宁　周应恒　周曙东
　　　　　胡　浩　陈　超　应瑞瑶
主　编　朱　晶

总 序

南京农业大学是教育部直属的"211工程"重点建设大学,经济管理学院的前身是金陵大学和中央大学农业经济系,历史悠久,源远流长。金陵大学农业经济系自1920年起招收农业经济学本科生,自1936年起招收农业经济学研究生。当时的系主任卜凯(John Lossing Buck)教授领导全系师生从事的中国农村土地利用制度和经济社会发展状况的系统调查和建立在调查基础上的分析、研究,是利用现代经济学理论研究中国农村问题的划时代成果,至今在国际学术界仍具有重大影响。

注重调查实证的传统在南京农业大学经济管理学院得到了发扬光大。经过数代人的努力,本院农业经济管理学科在全国同类学科中处于领先地位,继1989年首批被评为国家重点学科之后,2001年、2006年再次被评为国家重点学科。经济学、管理学等学科也得到很快发展,目前拥有农林经济管理及应用经济学两个一级学科博士点。作为全国最早获准招收硕士及博士研究生的单位,在研究生培养方面注重质量,取得了突出的成绩。在迄今为止的全国百篇优秀博士论文评选中,南京农业大学经济管理学院有三篇博士论文先后入选全国优秀博士论文。为了更好地传播科研成果,南京农业大学经济管理学院自2001年起资助编辑和出版一系列学术著作,《南京农业大学经济管理学院论丛——博士论文卷》就是其中的一种。我们希望通过这种方式鼓励研究生做出更多、更优秀的成果,也希望通过这种方式加强与学术界同行的交流,促进经济管理类学科的发展。

钟甫宁
南京农业大学经济管理学院

前　言

本书框架以笔者博士毕业论文为主，研究内容是人口对粮食需求的影响。虽然在2012年完成博士毕业论文时，中国人口年均增幅不足6‰，而粮食产量略高于人口增幅，我国粮食供需呈基本平衡态势，但是研究粮食需求仍具有重要的现实意义。

从政策角度来讲，全面放开"二胎"以及未来可能全面放开计划生育政策本身，将对中国未来粮食需求产生怎样的影响就值得回答；同时，按照我国农业现代化规划（2016~2020年）的粮食供给保障能力，未来粮食安全水平如何更是确定农业发展的基础。

就学术价值而言，过去有关粮食消费的研究着重从经济、政治制度等角度出发，以人口变迁为视角的研究并不多。事实上，随着经济改革实施的计划生育政策，在极短的时间里缓解因人口增长给中国粮食需求带来的压力，但也正是历史的原因，当前我国人口金字塔出现两个大的不规则缺口，这是世界上独一无二的。由于人口与粮食消费之间并非简单的同比例增减的关系，这就使中国独特的人口结构成为研究粮食需求的一个重要试验场。

而要回答上述问题，并提供正确的政策指导，就需要有科学的方法以及合理的分析框架。因此，本书包含博士毕业论文的分析框架、数量模型，还在此基础上增加了相关政策讨论。具体可以分为：建立起人口与粮食消费之间的逻辑关系；建立数量分析框架，来设计量化人口结构对粮食消费影响的指标，测度人口因素对粮食需求的作用程度；根据不同人口政策进行模拟，并结合最新发布的农业现代化发展纲要提出可行的政策建议。

（一）围绕粮食消费的研究值得深入

"一粥一米当思来之不易"不仅是中国普通老百姓持家之言，也是中国这个农业大国历世明言。要维持广大的疆域，除了要有强大的军队，还要有高效的农业生产力，提供充足的食物，保障粮食安全。

19世纪，西方国家面临日益增长的人口压力，悲观情绪蔓延。马尔萨斯指出的人口呈几何式增长将导致更多的贫困和饥饿。这种忧虑刺激着西方农业科技高速发展。从19世纪到20世纪先后出现四次农业革命，从农业机械革命到化学革命，到杂交育种革命，再到农业绿色革命，这极大地促进了农业生产效率的提高。与此同时，发达国家人口增速放缓，成为粮食出口国。反观之，同期的发展中国家，农业技术推广虽然在解决普遍饥荒上做出了重大贡献，但在面对庞大的人口基数和不断增长的人口压力下，如何保持粮食供需平衡一直是政府最关心的问题。

对于中国这样一个发展中的人口大国，粮食需求能力是决定未来粮食安全的重要内容。自中华人民共和国成立至今，中国人口从"四万万"猛增到13.7亿人。人们餐座上的食物也从传统的米面、一日两餐，到现在的除米面主食外，大量的肉、蛋、奶以及四季水果等多元化，一日三餐。中国市场化改革带来的高速经济增长，在20世纪90年代引起了西方媒体的关注。美国的布朗于1995年出版了《谁来养活中国?》一书更将中国庞大的人口带来的资源消费能力放大，引起国际社会对中国粮食安全的关注,让当时的西方世界以警惕的目光,不断宣传中国会对世界粮食安全造成威胁。2007~2008年的全球金融危机,虽然起因是美国次贷危机引起全球资本剧震,但是全球范围内粮食产品价格暴涨,使高速经济增长的中国再次成为推高世界粮食价格的"替罪羊"。

然而,仔细回顾中国的粮食消费增长历史,中国根本就不能成为世界粮食价格暴涨的原因。近10年来,中国粮食产量保持增长,粮食开始呈现供过于求的局面。21世纪中国并未如布朗所预测的,出现粮食需求激增。回顾中国20世纪90年代至今的粮食总消费量会发现自90年代末,中国粮食消费总量增长非常缓慢。同一时期,按照人均消费来计算,粮食需求居然保持不变甚至下降。这就使我们不得不认真思考:在中国经济高速增长的情况下,中国粮食消费为何没有如20世纪很多专家预测的那样出现大幅度增加?如何解释中国人均粮食或热量消费出现的下降?传统的粮食消费研究分析框架中忽略了什么?我们应该从怎样的角度来进一步完善有关粮食消费研究?如何看待中国过去以及未来的粮食消费水平?中国真的需要世界粮食市场来养活吗?

由此可见,围绕粮食消费的研究有值得深入的地方,这也是本书的出发点。食品消费结构变化伴随着经济发展,而人口变迁随之发生,多项因素交织导致中国粮食消费的现实。厘清经济、人口等各种因素的影响程度是制定政策目标的基础,从科学的角度来说,也是不断完善现有研究框架的重要内容。世界各国发展非常不平衡,很多落后国家,饥饿仍在发生,围绕粮食消费的研究并不会因为中国未来不发生供需失衡而结束。因此,在全球资源还不能统一调配的情况下,当还有大量的地区处于饥饿状态下,围绕粮食消费的研究就值得深入。

(二)中国的人口变化非常值得关注

当前,我国粮食供需基本平衡,粮食自给率长期保持在95%以上。对于中国这个人口大国而言是非常瞩目的成就。与西方国家以蛋白质为主的畜产品消费相比，中国的食品消费结构是相当丰富的，使得有关粮食消费中的"粮食"并不是狭义的谷物产品。但这也导致在进行粮食安全国际比较时，注意概念和量化比较的差异。同时，中国人口政策的调整在近两年开始实施，人口政策的影响在中长期才开始体现，这就回到我们最关心的问题：中长期中国粮食需求水平如何，中国粮食需求在多大程度上得依赖国际市场。

总结有关粮食需求的研究可以看到，人口因素往往作为决定粮食需求总量的外生变量。因为多数研究都是以人均食物消费变化为对象，而人口对粮食总量需求的作用体现为同比例增减。当然，这个假设成立是有条件的，即人都是同质的。只有在这样的假设前提下，其他因素对人均粮食消费需求的影响才会独立于人口规模。那么在人口规模确定的情况下，在获得经济、制度、饮食习惯等因素对人均粮食消费的作用程度时，粮食消费总量也就基本确定。

然而，人不是同质的。通常情况下，成年人的粮食摄入会高于儿童和老人；同年龄的男性也会比女性吃得多；体力劳动者的粮食消费高于脑力劳动者。这就意味着，不同年龄、性别、职业的个体在食物消费上是存在很大差别的。当一个群体里成年男性的比例增加，意味着人均的食品需求也会增加。换句话说，当一个国家粮食消费水平较高的群体在总人口中的占比增加或降低，都会导致该国人均的热量消费随之增减。

一旦将人口结构放入消费需求研究当中，简单地将全部人口分为儿童、成年人和老人三类很容易忽略掉人口年龄结构的影响。根据统计数据显示，当前我国劳动力年龄人口占比要高于20世纪末。1990～2015年，我国15～64岁劳动年龄人口占全国总人口的比重从66.7%

提高到73%。相比儿童和老年人，劳动力年龄人口自然是粮食摄入较高的群体，就此可以简单地说目前的人口年龄结构是倾向于更高的人均粮食需求的。这明显与同时期内中国人均粮食消费出现降低不符。事实上，在劳动年龄阶段内，仍可以被细分为青少年组、壮年组等，他们之间的生物体能差异直接表现为粮食消费需求差异。在我国劳动年龄人口占比不断提高的情况下，我国15~29岁劳动年龄人口占全部人口的比重从1990年的30.97%下降到2015年的22.12%，下降幅度为8.85个百分点，超过了劳动年龄人口的增幅。按照人体生物学热量摄入标准，15~29岁年龄组是生命阶段里热量消耗需求较大的阶段，这意味着在分析粮食需求变化时，一旦考虑人口变化就需要更精确的人口结构指标。

观察人口变化最直观的是人口金字塔。之所以叫人口金字塔，就是因为该图将人口数量或是人口占比根据年龄从低到高堆积而成，由于随着年龄的提高死亡率也越高，早期的人口金字塔都是下宽上窄，形似埃及的金字塔。当然随着经济社会的发展，生育率大幅度降低，导致新出生人口减少，金字塔底端收窄，从而出现纺锤形的金字塔。还有更极端的可能就是倒三角的金字塔。目前，世界各国的人口金字塔多为纺锤形或是正三角。

与世界上现有大量的人口金字塔不同，中国的人口金字塔是非常少见的不规则形状，中间出现了两个大的缺口。第一个缺口是20世纪50年代末60年代初三年自然灾害，导致新生人口大幅度减少。第二个缺口却是20世纪70年代末80年代初，独生子女政策导致新生人口减少。由于人口变化是个持续的过程，这种独特的人口金字塔形状也决定了缺口处的人口在经历需要大量食物以满足身体需要时，导致相应时期粮食并未显著增加的局面。因此，从人口角度考察中国粮食需求是非常有意思的。

（三）用规范研究方法是科学研究最难也是最有趣的地方

诚如上文所述，在讨论人口变迁对粮食需求影响的时候，最基本的逻辑就是群体中对食物消费较高的群体比重降低或增加，会导致该群体平均的食物消费能力也随之降低或提高。这是人们普遍理解且能够接受的，但是对于回答中国过去人口变迁对粮食消费影响的时候就必须指出：如何建立人口变迁指标，人口变迁具体包括什么？这个人口变迁指标的合理性有多高？又在多大程度上能对人均粮食需求的影响进行测度？在讨论人口政策对粮食需求影响的时候，这个人口变迁指标又该如何纳入模拟分析当中？

建立人口变迁指标、测度作用程度等都是基于规范的实证研究，这也是该研究科学所在。经济学是一门研究人类行为对社会发展影响的社会科学，它不像自然科学的研究是可以放在实验室进行。但是，这并不妨碍经济学研究也可以像自然科学一样提出问题、假设条件，设计研究方案，运用数据反复证明，以确定结论。由于社会科学往往密切联系社会、经济、制度等，因此，所得的假设一旦被证实后就需要和现实结合起来，提出相应的政策建议。

从博士毕业到现在已经5年，有关人口与粮食消费的研究仍然在继续。很多时候不是为了发文章，只是自己想到一些问题，试着自己回答。很多时候，自己都不确定是否正确，但是现在有机会可以让更多的人读读，提供不同的想法和意见，倒是件非常高兴的事情。另外，粮食需求其实是个宏观问题，与微观实证研究不同，宏观意味着它与个体之间的直接关联非常少，但它却与一国农业发展目标、国际农产品进出口密切相关。根据未来的粮食需求水平制定农业生产目标也意味着关系到无数劳作的农户。因此，严谨是做研究最基本的态度，也是最难坚持和恒守的。

  数据说到底都是死的，运用数据演示也只是为了证明逻辑假设的正确。从这一点来说，论证过程就比数据更重要。事实上，本书涉及的实证模型并不复杂甚至非常简单。当初开始写分析框架的时候，就是因为自己觉得逻辑关系太简单，很多时候觉得无话可说，不知如何下笔。博士论文的初稿也就非常简单。这直接导致此次要应学校计划出版优秀博士毕业论文系列丛书，自己多少有些慌张，这都是因为本书在论证过程的严谨性、力度以及语言简练等方面，存在很多欠缺的地方。自己的不足之处也尽量希望通过规范的论证来弥补。

  借此机会，感谢导师钟甫宁教授，本书独特的视角来源于钟老师多年的观察和思考。只是10年甚至更早之前有关人口的历史数据缺乏，且考察期较短，对于粮食消费的影响都只是猜测。要做具体的实证分析研究还存在很多的不足。现在能够有机会将这一问题具体化，并用规范的实证研究进行分析，本身就是件非常值得庆幸的事情。

目　录

第1章　绪论 ·· 1
  1.1　问题的提出 ·· 1
  1.2　研究的目标、假说和意义 ··· 3
  1.3　结构安排 ·· 5
  1.4　研究方法与技术路线 ·· 6
  1.5　本书的创新与不足 ··· 7

第2章　文献综述 ·· 9
  2.1　谁来养活中国 ·· 9
  2.2　影响中国粮食消费的研究 ·· 12
  2.3　等成人消费 ··· 16
  2.4　小结 ·· 18

第3章　分析框架 ·· 19
  3.1　基本概念的界定 ·· 19
  3.2　生理需求与粮食消费 ·· 22
  3.3　人口结构和就业结构对食品需求影响的基本逻辑 ············ 23
  3.4　人口变迁、食品消费结构与粮食需求之间的数量关系 ······ 25
  3.5　对传统粮食需求模型的修正 ·· 28
  3.6　小结 ·· 30

第4章　人口结构对粮食需求影响的实证分析 ························ 31
  4.1　中国人口变化 ·· 32
  4.2　人口结构对热量消费的实证分析 ·································· 39
  4.3　人口结构影响食品消费的实证分析 ······························ 50
  4.4　小结 ·· 54

第5章 职业结构对热量需求影响的实证分析 ······ 56
5.1 中国劳动力职业结构特征及发展状况 ······ 56
5.2 职业结构对热量需求的影响 ······ 62
5.3 实证结果 ······ 67
5.4 小结 ······ 69

第6章 热量摄入与粮食消费之间的关系 ······ 70
6.1 有关城镇化对粮食消费的争论 ······ 70
6.2 测度食品消费结构对粮食消费影响的方法 ······ 71
6.3 分城乡的粮食消费分析 ······ 73
6.4 城镇化对粮食总需求及结构影响的分析与预测 ······ 80
6.5 小结 ······ 81

第7章 中国粮食消费预测 ······ 82
7.1 中国人口预测 ······ 82
7.2 不同食品消费结构下粮食需求模拟 ······ 91
7.3 中国未来粮食消费 ······ 95
7.4 小结 ······ 96

第8章 人口政策调整对我国中长期粮食安全的影响 ······ 98
8.1 全面二孩政策后的中国人口估计 ······ 98
8.2 全面二孩政策导致粮食需求估计 ······ 101
8.3 人口政策调整对我国中长期粮食安全形势的基本判断 ······ 105
8.4 结论与启示 ······ 113

第9章 基本结论、前景分析和政策建议 ······ 116
9.1 基本结论 ······ 116
9.2 未来影响中国粮食消费的因素分析和判断 ······ 119
9.3 政策建议 ······ 121

附 录 ······ 125

参考文献 ······ 142

后 记 ······ 154

第1章 绪论

1.1 问题的提出

我国人口在过去的30年里增加3亿多人,从1982年10.3亿人增加到了2010年的13.47亿人。同时,过去的30年,也是中国经济快速腾飞的30年。经济水平提高,人们生活水平进一步改善,食品消费也日益丰富多样。在人口和经济双重影响下,有关中国粮食供需安全问题一直都是政府部门以及国内外学者关注的重要议题。对中国自身而言,人口基数大,放宽计划生育政策本身既可能对保障粮食自给自足的发展目标造成压力,还会对世界市场的粮食供需均衡产生潜在的影响。如何有效地对粮食供求变化作出准确的分析和判断一直是政策制定者和学者们关心的重要问题。

整理1979年至今我国的粮食消费情况,可以看到粮食需求总体呈上升趋势,且人均谷物消费增速也基本与总量增长趋势保持一致。然而有趣的是,我国居民人均和粮食消费总量在1985~1990年以及1995~2010年两个期间出现增长停滞(见图1-1)。这不仅与大量有关中国粮食消费需要研究估计不符,同时现有的研究也不能对此现象进行解释。

大量有关粮食消费研究主要关注收入增长、城市化进程、工业非食品加工粮食数量以及市场价格和人口政策等因素。除价格因素外,其他因素都对粮食需求具有积极影响。经济社会繁荣可以提高居民收入,人们购买食品的能力也相应提高;加上经济活动方式调整,国际以及国内不同地域人口流动迁移,加剧了人们饮食结构的变化。在收入增长、城镇化以及肉类产品消费增长同时进行的情况下,中国粮食消费无论如何都很难出现图1-1显示消费出现停滞的情况。

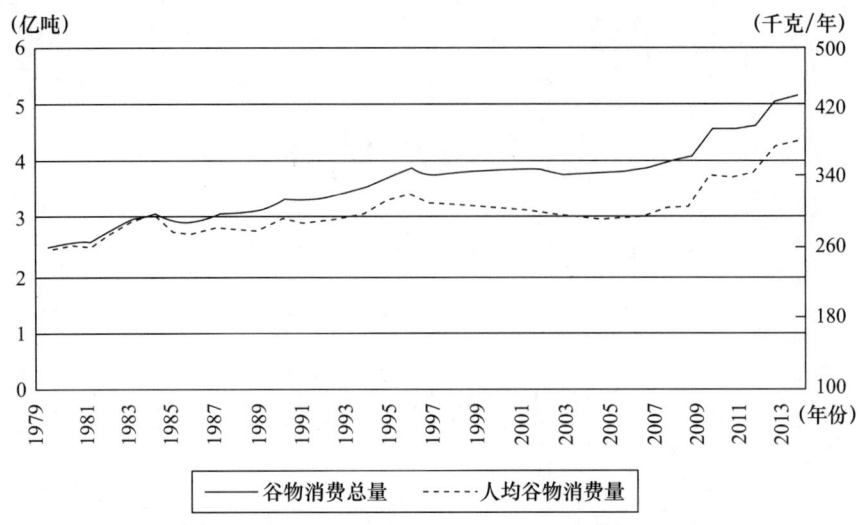

图 1-1　1979~2013 年我国谷物消费总量和人均谷物消费量

资料来源：FAO、FAOSTAT、Food Balance Sheet（2016）。

对此，可能存在的解释有如下几点：①工业化发展，尤其是重工业向轻工业发展，极大地降低了人们的劳动强度。人们所需热量需求将大幅度降低，并导致粮食消费需求减少。目前，我国第一产业就业人口的比例已经大幅度下降，而第二、第三产业就业比重上升，但第二产业由重工业向轻工业转型，劳动强度进一步降低。根据统计资料显示，中国第一、第二、第三产业就业人口的比例从 1981 年的 68.1∶18.3∶13.6 调整为 2009 年的 38.1∶27.8∶34.1。2010 年预计的未来 10 年内，就业人口从第一产业向第二、第三产业的趋势仍将维持，第二产业就业人口比例可望升至 30%，而第三产业就业人口增速将更快，比例将突破 40%。②老年人比重大幅度上升，降低人均热量需求，弱化粮食需求增幅。据统计，我国 65 岁及以上的人口总量从 1982 年的 4.91% 上升到 2009 年的 8.5%；15~29 岁人口的比重则从 1985 年的 29% 下降到了 2007 年的 21%（国家统计局）。通过现有对我国未来人口结构预测的结果来看，我国未来人口中老龄化的程度很可能会进一步加深。

无论是人口年龄结构还是职业结构，都是经济社会发展过程中，由于人口流动、社会经济发展带来的。因此，本书主要回答以下几个问题：①如何将人口、职业等纳入粮食消费研究中；②如何衡量人口和职业结构调整对粮食需求的影响；③人口变迁中的职业结构、年龄结构在中国对粮食需求的影响程度到底有多大；④就中国而言，人口变化、饮食结构变化对未来粮食需求的影响；⑤全面二胎政策或全面放开计划生育政策，对中国中长期粮食需求又产生怎样的影响。

1.2 研究的目标、假说和意义

1.2.1 研究目标

年龄、性别和职业构成是我国经济发展过程中人口变迁的重要特征，尤其是在我国当前人口快速转型时期。这既对我国的经济发展产生影响，更与粮食安全紧密相连。研究粮食需求问题具有非常重要的理论和实践意义。

我国是个粮食大国，也是个人口大国。在经济高速发展过程中，影响粮食需求的因素往往交织在一起。因此本书主要完成以下目标：

第一，确定中国粮食需求变化的基本特征和变化趋势，并对需求波动的形成背景做纵向比较，同时从人口变迁的角度考察中国粮食需求变化。

第二，建立分析框框，利用不同年龄、性别、职业人口每日所需热量需求量表，确定其对应的等成人消费权数和标准就业者消费权数。从而更直观、更科学地反映人口结构、职业结构的变化或结构特征。

第三，借助计量经济学方法，对人口年龄、职业结构等因素进行测度。验证人口结构变化和职业结构调整对人均粮食需求是否起作用，并测度各因素对需求影响的作用程度，以便用于粮食消费预测中。

第四，借助不同食物的热量转化率，比较不同食品消费结构下的粮食需求水平。评估中国城镇化对粮食需求的影响。

第五，对未来我国人口结构进行模拟，利用城镇化、食品消费结构调整的研究结果对未来的粮食需求进行预测。

第六，建立不同人口政策的粮食需求预测框架，比较不同情景下中国粮食中长期需求状况，并对中国未来的粮食政策提出相应的对策建议。

1.2.2 研究假说

事实上，无论人们的收入水平提高得有多快，其食品需求能力受到生理因素的制约并不会出现无限制的增加。对于不同年龄、性别和职业的人口来说，其每日摄取食物用以满足自身每日所需的热量消耗是存在显著差异的。因此，在不考虑食品消费结构的情况下，如果收入、价格等经济因素一定，人口的年龄结构和就业结构出现调整时，对应的人均热量摄入需求也会出现调整，进而对粮食消费量将产生影响。

对此，本书提出研究假设：

假设1：在收入、价格等条件一定的情况下，不同人口结构的家庭人均热量摄入也存在显著差异。当家庭为单位核算的等成人消费综合指数提高或降低，对应的人均热量需求也随之增减。

在收入等经济因素既定的情况下，不同年龄、性别人口的热量需求存在显著差异。通过分配给不同年龄、性别人口等消费权数，获得一个家庭内等成人消费综合指数。该指数上升或是下降意味着家庭内以标准人消费核算后的人口结构消费指数。该指数上升表明该家庭结构的热量需求水平在增加；反之也成立。在经济水平相同的情况下，不同家庭之间，其热量需求的差异是由家庭人口结构差异造成的。

假说2：在相同的人均收入、食品价格情况下，不同省份内的人均热量消费同该省的综合职业消费总指数之间存在正向相关关系。

在收入等经济因素既定的情况下，不同省份内部的人口和职业结构对其人均的热量需求是产生影响的。通过分配给不同职业人口等消费权数，获得一个省内的综合消费总指数。该指数上升或是下降意味着该地区内以标准职业消费核算后的综合消费指数。该指数上升表明该职业结构下的人均热量需求水平在增加；反之也成立。在经济水平相同的情况下，不同地区之间，其热量需求的差异是由于地区间的人口和职业结构差异造成的。

由于食物消费是为人体每日活动提供热量，人口变迁会对热量消费产生影响，将最终体现为食品需求量上。因此，当人们食品消费结构发生调整，即使是日热量需求相同，导致最终的粮食需求也存在显著的差别。

假设3：同等热量需求下，畜产品消费占比越高，粮食最终消费量也越高。相应地，在食品消费结构相同的情况下，人口年龄、职业结构等指数越高，粮食最终消费也越高；反之也成立。

1.2.3　研究意义

不论我国未来的人口总量增长幅度有多大，有一点可以肯定的是：由于历史原因以及特殊的人口政策导致了我国人口结构在短时间内出现了巨大的调整。这个巨大的调整体现在不同年龄阶段人口的比重出现波动。在经济水平给定的情况下，这种人口结构的波动使得人均粮食需求随之出现剧烈波动。

而现有的大量有关粮食需求的研究往往关注经济因素的影响，忽略了人体生理需求角度的分析。对社会内的任何一个个体而言，无论其经济水平增长有多快，生活条件多么优越，其粮食需求的水平都是受到生理需求的限制。本书利用FAO绘制的分年龄、职业的热量需求量表，得出对应年龄、职业人口的等成人/

职业的消费权数,将表示人口结构和职业结构的变量引入实证分析中,从而对现有的研究作出弥补,具有很强的学术价值。

另外,我国人口结构与国际人口金字塔形状明显不同,且呈现出独特性,加之全面二胎政策有可能使中国人口出现进一步调整,使得从人口视角分析粮食消费更具独特性。因此,本书将比较人口政策变化对未来的粮食需求的影响,也同时考虑食品消费结构变化可能对未来粮食需求增长的区间范围。这样有助于提出结合中国实际的粮食需求模型,同时也能对实施粮食安全政策提出参考。

1.3 结构安排

本书共9章,具体结构安排如下:

第1章,绪论。在提出研究问题的基础上,分别介绍研究目标和假说,并对研究方法、技术路线和数据来源进行介绍;在介绍本书的结构安排的基础上,说明研究可能创新和不足之处。

第2章,文献综述。对近期粮食安全研究中的新问题做简单的介绍,通过对现有有关我国粮食需求研究的文献整理,指出新的研究方向;并对研究分析框架中引入的新变量的理论基础做介绍。

第3章,分析框架。本章根据研究目标,对我国的粮食做出概念界定;并分别对本书提出的解释变量——人口结构和职业结构——概念和计算方法做介绍。试图从人体生理需求的角度出发,根据不同年龄、性别和职业人口的日热量摄入差异计算出等成人/职业的消费权数,并利用该权数将人口结构和职业结构变化的特征变量引入传统的人均消费函数中。

第4章,人口结构对粮食需求影响的实证分析。主要使用中国营养健康调查(CHNS)数据和城镇居民调查数据,采用稳健最小二乘法验证人口结构对人均热量和食品需求影响,并根据实证模型计算出人口变化对热量需求影响的系数,便于应用到模拟预测当中。

第5章,职业结构对热量需求影响的实证分析。首先对职业的概念和分类进行简单的介绍,对我国职业结构变化做简单的统计分析;其次介绍实证分析模型和数据来源;最后利用计量模型,根据中国营养健康调查(CHNS)数据得出职业结构对人均热量需求影响的实证结果。

第6章,热量摄入与粮食消费之间的关系。在第4章、第5章证实了人口和职业结构变化对人均热量摄入影响的基础上,本章主要回答热量摄入同粮食消费之间的关系。热量需求是人体最基本的生理需求,在收入变化的时候,人们的食品消费结构也会发生调整。因此，在确定获取相同的热量水平下，不同的食品消费结构对应着不同的粮食需求。本章利用我国城市和农村居民住户调查数据进行分析，对热量摄入、食品消费结构和粮食需求三者之间的关系进行梳理。

第 7 章，中国粮食消费预测。本章是在证实了人口结构对粮食需求影响的基础上，分析和比较在考虑和不考虑人口结构因素下，我国未来的粮食需求估计之间的差异，以此确定人口对粮食需求的作用程度。

第 8 章，人口政策调整对我国中长期粮食安全的影响。本章结合我国全面二胎政策，对中国中长期粮食供需状况进行判断。

第 9 章，基本结论、前景分析和政策建议。在前面各章节的实证分析和统计分析的结果上，通过整理总结，对我国未来的粮食需求前景进行简单的分析，并提出相应的政策建议。

1.4 研究方法与技术路线

1.4.1 研究方法

本书主要采用以理论分析为基础，统计分析和计量分析为主的实证研究方法。在具体分析中，将利用稳健最小二乘法进行回归；利用回归所得的弹性系数作为分析和预测未来人口结构变化对人均粮食消费影响的基础；用食物成分表以及我国工业加工手册确定粮食消费与营养素摄入之间的数量关系，分析城镇化对我国粮食消费的影响；用年龄推移法对我国未来的人口结构进行预测模拟。研究假说是严格建立在需求理论、营养和粮食分析的理论基础上；同时，强调了生理因素在粮食需求研究中的重要性。

部分和总体分析相结合是本书的另一研究方法。考虑到年龄、性别和职业为个体外生变量，因此本书主要建立在户或以省际分析的基础上。另外，通过宏观数据分析进行补充，克服宏观（国家层面）总体数据样本不足和结构变量变化不明显的局限，其结论具有针对性和可操作性。

分层研究也是本书采用的研究方法之一。主要体现在考察人口结构和职业结构对人均粮食需求的影响上。本书通过先分别证实人口结构和职业结构对人均热量需求影响的基础上，再分析不同食物消费结构下的粮食需求。进而从保障微观营养安全的基础上，确定未来的人均粮食消费水平。

简单推算法同样是本书使用的方法之一。这里主要体现在对我国未来的粮食消费预测上。在已有的大量系统分析和研究我国粮食消费的历史经验、现实趋势和国际形势的基础上,结合本书中主要几个对粮食需求产生影响的因素以及各因素的变化趋势的判断,对我国中长期粮食需求进行估计。在对我国国民经济发展状况以及居民收入以及膳食营养消费的分析之后,预测我国的人均粮食消费量,利用人口总量和结构变化趋势,最终得到我国的粮食消费总量。

1.4.2 技术路线

与上述研究方法相结合,本书采取的技术路线如图 1-2 所示。

图 1-2 中的大方框内表示本书研究所涉及的内容以及各部分之间的作用关系,虚线为要通过统计和计量分析方法证明的部分。

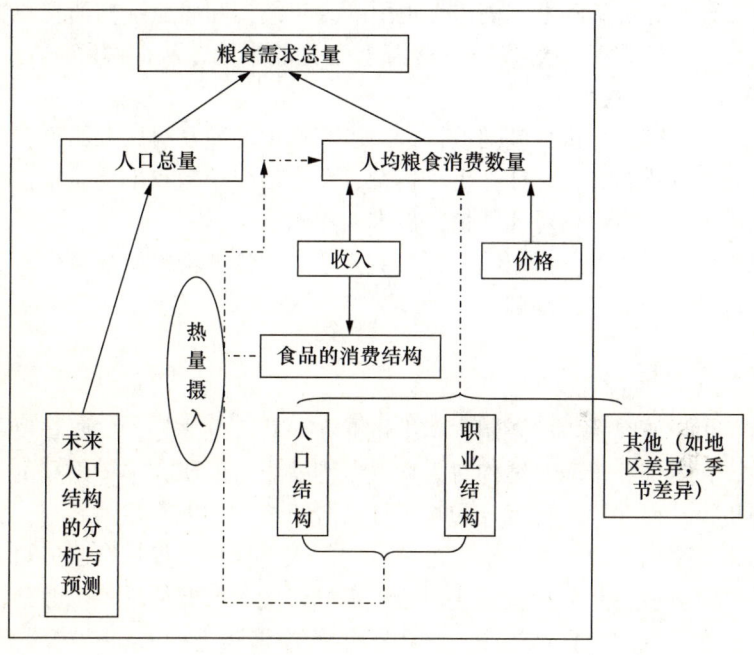

图 1-2 本书技术路线

1.5 本书的创新与不足

1.5.1 创新

本书运用现代经济学的理论和方法,构建了分析人口结构和职业结构变化与粮食需求的研究框架，对已有的有关粮食需求的研究进行了补充。另外，本书对影响粮食需求的经济因素和生理因素之间的关系和作用机制做了系统全面的介绍。

借助人体营养素标准摄入量制定的消费权数，解决了因消费结构差异导致粮食消费权数确定的困难。该方法可以运用到实际工作中，同时也为未来的人口变化对粮食需求的影响提供很好的测量工具。

运用等成人消费科学衡量了人口结构对人均粮食需求的影响，解决了传统研究人口特征对食品需求影响无法直接衡量的问题，且为进一步的研究分析提供了参考。

建立在理论分析基础上、创造性地引入人口结构和职业结构消费总指数等概念，实证分析了这些变量对我国粮食需求变化的影响，从而解释了有关人均粮食/热量需求下降的成因。

在人均热量需求分析的基础上，进一步利用中国城乡居民食品消费结构的差异以及不同的变化趋势，统计分析了热量、食品消费结构和粮食需求三者之间的关系，推进了有关城镇化对我国粮食需求的影响分析。

将理论分析与实践分析相结合，避免完全的理论分析，使政策建议和未来的研究方向有了一个坚实的基础。

1.5.2　不足

当然，由于研究手段的限制，本书也存在一些不足之处，主要表现在：

第一，在实证分析职业结构对人均热量消费影响的研究中，采用的是职业样本进行分析，从而在一定程度上影响了计量分析结构的准确性。

第二，未来的人口预测并未考虑城乡间的人口迁移。仅从全国人口总量和总人口结构进行分析，在分析城镇化对粮食需求影响时，有待进一步考察。

第三，在未来的粮食预测中，采用了年龄推移法进行人口结构预测。其中，假定生育模式不变，并没有设定其他的人口预测方案，从而在一定程度上影响了未来人口变化对应的粮食需求估计缺乏对比。虽然本书的人口预测表明：随着医疗服务的改善、预期寿命的提高、持续低的生育率使得我国的老龄化日益加重，这一人口状况会反映到粮食总量需求增长速度的放缓甚至出现下降。但是这一预测结果是建立在我国生育模式不变的基础上，生育模式的调整、出生高潮的降临很可能会在未来推高人口结果消费指数，进而可能使粮食增长速度要高于仅由经济因素引起的需求增长。

第 2 章 文献综述

2.1 谁来养活中国

自人类文明开始，人口和资源之间的竞争关系就从未断绝过。罗马政治家 Q. S. 特尔土里安纳斯（Quintus Septimus Tertullianus）在公元前 200 年就曾警示世人，人口过度的增加将会耗尽地球上有限的资源，人类届时将深陷疾病、贫困、洪水和战争之中。

"可以肯定的是地球正被前所未有地开发和利用：农田在增加但森林在减少，沼泽在干涸而城市却以空前的规模涌现。人类正日益成为我们这个星球的负担。资源日益匮乏，大自然将再也无法满足人类的索取。最终的情形是疾病、饥饿、洪水和战争将会导致极度过量人口的减少。"

——摘自《六十亿人口的警示》[①]

现代是人类历史上人口最多的时代。自"二战"结束后，人口总量已经翻了一番多。截至 20 世纪末的 1999 年世界人口总量已达 60 亿。虽然，食品的生产、加工和贸易与此同时也发生了可喜的变化。20 世纪农业的绿色革命，粮食产量翻了一番，且畜产品是原来的 3 倍。如果进行全球范围内的平均分配，则人均每日摄入 2800 千卡的热量是完全做得到的。

然而，世界各地区间发展极不平衡，对应各国的粮食安全状况也不一样。发达国家相信：发展中国家巨大的人口基数以及快速发展的经济水平所导致的粮食需求的增长正侵蚀着全球的资源。

在这样的背景下，布朗于 1995 年出版的《谁来养活中国》一书一经问世便

---

① 雷辛格：《六十亿人口的警示》，朱爱萍等译，中国农业出版社 2003 年版。

引起全世界各国的关注，也引起了全球学者对中国粮食安全问题的持续争论。2007年7月~2008年7月，世界粮食价格的暴涨引起全球范围内的粮食危机，让世界的眼睛再次盯向中国。

"中国……是推动全球资源价格上涨的主要动力……其对各种商品、服务的巨大需求促使美国商品价格上升了50%……"——By Barron's, Mar, 2008

"……亚洲地区高速的经济发展是此次粮食价格飞涨的根本原因……"
——Foreign Affairs, Dec, 2008

这样的声音[①]再次拉开研究经济发展过程中粮食需求变化的序幕。但过去20多年里中国的粮食进口并没有增长，仍然保持粮食净出口国的地位（大豆和油料除外）。同样，印度也保持着粮食少量出口的贸易地位。

改革开放以来，中国居民的生活水平有了非常大的改善。1978~2009年人均国内生产总值从378.7元上升到25511.1元，按照可比价格计算增长了近12倍，31年里平均每年递增10%。与此同时，中国粮食消费的总量从1978年的31337.6万吨上升到了2007年的51518.53万吨[②]，增幅为64.4%，年均增速为2.2%。然而，尽管人均收入持续增长，2000~2007年粮食消费总量的增幅仅为1.92%，年均增速只有0.275%。人均粮食消费数据在过去几十年里并没有一直保持上升，反而在2000年左右开始有所下降。

据FAO统计，从1979~2007年我国谷物的消费变化来看，2000年起我国成为谷物的净出口国，净出口额最多的2003年达到当年谷物产量的4.1%。虽然随后仍出现净进口；但是我国谷物消费数量的波动以及从人均谷物消费量来看甚至出现下降（见附表1）。根据中国营养健康调查数据（CHNS）显示，中国的人均热量消费呈下降趋势；人均日热量消费从1991年的2514.83千卡下降到2009年的2136.60千卡，甚至没有达到我国设定的最低人均日热量消费2300千卡的标准。根据我国农村居民住户调查统计数据显示，我国农村居民的日热量消费在20世纪八九十年代随着收入水平的提高而得到不断的改善，但进入21世纪却不断下降。

---

① 原文引用，来自 Colin A. Carter, Funing Zhong, Jing Zhu. China's Role in the 2007 - 2008 Global Food Price Boom and Bust. EuroChoices, 2009, 8（2）：17 - 23。

② 本数据按照FAO提供的谷物消费用途数据推算中国1978~2007年粮食消费总量。具体方法如下：①谷物的消费总量 = 产量 + 进口 + 库存（库存数据中以负值表示库存量） - 出口；②按照100/75的比例将谷物折算成粮食总量。本书中所涉及的粮食消费数据均来源于此。

对比中国高速经济增长背景下，人均粮食消费放缓甚至下降，印度食物、营养消费变化也同样引起学者的好奇。1980~2005年，印度实际人均GDP以每年3.95%的速度增长，2000~2005年的增长速度为5.4%。但其人均的热量、蛋白质的消费（脂肪除外）也均出现下降（Deaton & Dreze，2009）。

人均粮食/营养消费未随收入增长出现同时增长并非21世纪才有的独特现象。1775~1850年，处于工业革命时期的英国也是如此（Clark et al.，1995）。传统的食品需求理论——收入对食品需求具有积极促进作用，显然无法对工业革命时期的英国以及正处于高速发展中的中国和印度食品增长停滞等现象进行解释。

由此可见，已有有关食品消费研究可能忽略了某些影响食品需求的重要因素。而对该现象的合理解释，不仅能够对原有的研究进行补充，还可能为食品消费研究提供新思考和新领域。事实上，Deaton和Dreze（2009）也关注到食品和消费热量下降的问题，他们认为现代社会不断降低的劳动强度是一种解释。类似地，Carter等（2009）指出中国老龄化程度的加深以及重工业向轻工业转型，极大地降低了我国人均日热量需求水平，从而导致粮食需求的降低；另外，收入差距扩大，高收入群体食品消费结构稳定，收入提高带来的食品需求增长趋近于零。

从20世纪80年代中期开始，中国的人口结构、就业结构和收入结构都出现了巨大的调整。首先是人口结构的变化：1985~2009年中国65岁以上的老年人占总人口的比重从4.91%上升到8.5%，而15~29岁人口的比重则从29%下降到21.21%。其次是就业结构的变化：1985~2008年，三次产业就业比例从62.6∶20.8∶16.8改变为39.6∶27.2∶33.2（国家统计局，2009）。同时，第二产业不仅劳动强度下降，且就业比例大幅度转向轻工业。最后是收入分配差距扩大。所有这些因素都可能在每一个人或每一个群体的平均食品消费量增加的同时而降低总的平均食品消费量（钟甫宁，2009）。

一直以来对我国粮食需求的判断和认识都是从人口增长和粮食消费结构的角度考虑的，且基本结论都认为我国粮食总量持续增长，这一观点也从未被怀疑过。事实上，我国粮食消费总量的确也一直在持续增长，且随着未来我国人口总数的增加，仍可能会进一步增长。但也正是对我国粮食需求的这一判断，导致有关人均粮食需求变化特征被忽略掉。无论是从我国统计年鉴还是大型的调查数据均显示出：人均粮食消费增长出现增长停滞甚至下降的现象，而且我国居民人均热量消费也出现不合常理的下降。有关这方面的解释和研究不仅仅能够解释这些现象，对已有的粮食需求研究进行补充，同时也能够对未来我国粮食需求预测提供指导，并对我国的粮食安全提供政策参考。

2.2 影响中国粮食消费的研究

有关中国的粮食消费的研究不胜枚举。根据粮食消费的演变规律,研究内容大概可分为两个主要方面:一是从传统的收入和价格来分析和解释过去中国的粮食消费变动;二是从社会经济因素考虑进行分析。自1978年的经济体制改革,中国的粮食消费发生了一系列的变化,城市化、商品化、市场化都是这些变化的根源(黄季焜,1995)。本节回顾有关粮食消费的文献,对已有的研究内容进行整理,提出新的研究方向。

2.2.1 收入和价格

通常来讲,收入的增长对粮食的需求有正向影响。其对粮食消费的影响主要是通过粮食收入弹性的变化来表示。已有的大量研究表明随着人均收入水平的提高,粮食需求的收入弹性会逐渐变小。正是这一原因,不同收入阶段、收入增长导致的粮食需求变化的程度就会有很大的区别。Mellor(1983)将收入增长对粮食消费的作用具体划分为两个阶段:一是低收入阶段,口粮消费占食品消费总量比重较大,畜产品消费份额较小。虽然直接粮食消费弹性较小,但其仍为正。所以,随着人均收入水平的提高,粮食消费不断增加。二是中等收入阶段。这一阶段人们的食品消费结构发生改变,畜产品占食品消费总额的比重在增加,口粮消费份额下降,由于口粮的消费弹性很小,口粮消费总量变化不大,但由于畜产品需求的增加,导致间接粮食消费即饲料粮需求增加,从而使人均粮食消费总量增加。正是根据这一原理,Mellor和Johnston(1984)解释了1961~1977年亚洲、北非、撒哈拉以南非洲地区以及拉丁美洲地区中发展中国家的谷物进口出现爆发式增长的原因,其中最显著的例子是日本、韩国和中国台湾。

Alexandratos(1997)对比中国、韩国、日本、中国台湾以及马来西亚粮食消费结构的变化,并利用55个国家的人均购买力变化同人均口粮的消费变化趋势指出:21世纪中国的人均口粮消费保持稳定或出现下降,但由于饲料粮需求的增加导致人均的粮食消费总量会随人均收入水平的提高而不断提高。

为了进一步研究中国的粮食消费变化的规律,很多学者利用微观的住户调查数据分种类地测度食品的收入弹性。其结果都表明:不同食物具有不同的需求收入弹性。Fan(2002)发现,在所有预测模型尤其是用作粮食预测的模型中,粮食的需求收入弹性都相当小,有些还是负值。但是,乳制品、水产品、牛羊肉和家禽的收入需求弹性都大于1，禽蛋的收入需求弹性接近1，猪肉的收入需求弹性最低，为0.53（蒋乃华，2002）。当然，粮食需求弹性的预测结果并非全部为负数。与很多有关亚洲的粮食消费的实证研究结果不同的是：中国的粮食仍是正常商品，其收入价格弹性为正。在其他条件不变的情况下，随着收入水平的提高，各种食品的消费量会不断增加。

Fan 等（1995）利用 1982~1990 年中国的农村居民住户调查数据，通过 LES – AIDS 两步法得出：农村居民的粮食收入支出弹性虽然小于1，但是弹性值为0.7，以人口增长速度为1.2%、收入增长率为4%计算的话，未来粮食需求增长率为4%；同时农村居民肉类的收入支出弹性为0.9，由于未来收入水平的提高，肉类消费的增加导致的饲料量需求的剧增会导致中国增加饲料粮的进口。

由于食品的收入弹性会随着收入的提高而不断下降，在过去30多年的发展中，城镇居民的平均收入水平增长速度要快于农村居民，那么城镇居民的粮食消费支出弹性就要小于农村居民。一旦粮食对城镇居民而言是劣质品的话，则收入差距的扩大就有可能对我国粮食消费并未出现显著增长进行解释。但实际上有很多研究都表明：中国的粮食消费不具备劣质性。刘华、钟甫宁（2009）利用1986~2002年的城镇居民微观调查数据得出，主粮类的大米和面粉的需求弹性为0.2~0.3，并不具备劣质性。同时城镇居民的肉类消费的收入弹性也为正。Yen 等（2004）、Chern（2001）、Gao 等（1996b）和 Halbrendt 等（1994）都指出在中国粮食是正常商品。同时，农村居民的粮食消费结构会随着收入水平的提高出现进一步的调整（Huang & Bouis，1996），所有这些关于收入和粮食消费的研究都表明，随着人均收入水平的提高，粮食的消费量也会随之增加。

根据价格同消费量的一般关系得知，两者间存在负向相关关系，粮食的自价格弹性均为负数。这一点也得到了很多的支持，但是分食品的自价格弹性却存在差异，部分学者测算出来的各类食品的自价格弹性的绝对值小于1（Halbrendt et al.，1994；Fan et al.，1995；刘华、钟甫宁，2009），但是也有测算出来的价格弹性区间范围广，甚至大于1（Yen，2004）。这使得在预测未来中国的粮食安全上出现矛盾：价格弹性较小意味着市场化条件下，价格变化对粮食消费的影响较小；而价格弹性较大则价格波动对粮食消费的影响也就更大。事实上，自1978年开始的经济体制改革使得越来越多的食品从市场上购买，同时自由市场的引入随着市场化的深入，价格对粮食消费的影响作用也越来越强。这也能给以上的研究结果差异做出一定程度的解释。

2.2.2 市场化、商品化和城市化

中国由计划经济向市场经济转型，对应地，食品的定量供应和配给制被废

除。随着市场的发展和流通途径的扩大，社会、经济等因素对中国的粮食消费变化的作用也越来越大。从这点来看，简单的收入和价格对粮食消费的影响无法对中国未来的粮食消费做出合理的预测。

Huang 和 Scott（1998）指出，不考虑市场完善程度测算出来的粮食消费弹性是存在偏误的。他们利用农村居民的住户调查数据得出，农村居民从市场上购买的食品占食品总消费的比例每提高10%，粮食需求的收入弹性将下降0.06，而肉类食品需求的收入弹性则增加0.16。这同时也解释了农村的粮食消费在进入90年代以后有下降趋势而从截面数据上看按收入分组，农村粮食消费随着收入的增长而增长之间的矛盾。

加上不同食物需求收入弹性的差异，随着经济增长和人民收入水平的上升，一方面消费者的口粮消费比例将减少，另一方面副食消费比例将逐渐增加。食物消费结构与城镇化是消费需求上升和饮食结构变化的主要影响因素（黄季焜，2004）。

人们没有怀疑过对于收入增长对粮食消费也将不断增长的长期趋势。但相较而言，城市化对粮食消费的影响，即随着城市化水平的提高，人均粮食消费将会增加抑或减少都没有明确的判断。

通常采用城市人口占总人口的比重（城市化率）来衡量城市化水平（黄汉权，2008）。在控制了价格和收入的影响之后，城市化水平依然对畜产品需求的增加有积极和深远的影响。相对于农村消费者，城市居民消费较少的粮食和较多的肉、奶制品和水产品。陈先枢（1998）认为随着我国城市化水平提高，人口大量地从农村涌入城市，随着农民身份的变化和收入的增长，新增城市人口的动物性食品消费的增量会随着城乡结构转变过程中的"大国效应"，而将大幅度推动我国粮食总体间接消费水平的上升，进而导致粮食总需求的扩张。

而黄季焜（1995）则进一步具体分析了农村居民向城市迁移时，其食品消费结构的调整对粮食总需求的影响。其研究结果表明，在收入水平和价格水平同等的前提下，一旦居民从农村转移到一个中小城市，其粮食年消费量将减少58.3公斤，而到特大城市将减少64.2公斤，蔬菜减少23.25公斤；与之相反的是，畜产品的年消费量则增加4.2公斤（中小城市）至7.2公斤（特大城市）；同时，水产品、水果和其他食品的消费也将相应提高。但其仅仅比较了单项产品增减的情况，没有给出综合的结论。

李成贵（2000）根据黄季焜的研究结果，按5:1的肉料比折算，表明一位农村居民转移到城市后总体的粮食消费是减少了，而未有所增加。但是，马晓河（1996）指出，改革开放以来，我国城市化程度每提高1个百分点，将使粮食消费总量增加1054万吨。

这些研究结果差异显著，不仅仅是方法和数据有差别，同时可能存在的解释是：城市化本身很难单独作为一个解释我国粮食消费行为的原因。通常，城市化过程对中国食物消费水平和结构的影响主要是以下5个方面：①同农村相比，城市市场食品丰富；②城市居民的饮食因外来食品以及饮食习惯已经发生改变；③在外就餐占城镇居民食品消费的比重在不断增加；④城市居民体力劳动强度低于农村居民，对食物热量的需求较低；⑤农村居民既是食品的消费者，同时也是食品的生产者。中国的城镇化水平从1978年的17.9%上升到2008年的45.7%。城市化对我国未来的粮食消费的影响方向并不明朗，需要进一步研究。主要面临的问题主要是准确的粮食消费数据难以获得。事实上，大量的研究都是利用国家统计局提供的居民消费量和支出数额，但没有包括外出就餐部分（包括餐厅、职工食堂和工地食堂等）和单位分发的实物，所以统计数据比实际的水平明显偏低。这就需要在以后的研究中，收集更多的食品消费数据，做进一步的研究。

2.2.3　人口因素

粮食是人类日常生活的必需品，粮食需求数量同人口数量的增减呈正向相关关系（刘志澄，1989）。速水佑次郎（2003）指出，人口增长能带来几乎同比例的食品需求增长。虽然我国人口自然增长率呈下降趋势，并从1987～2008年我国人口自然增长率从16.61%下降到5.08%，但是由于我国人口基数巨大，人口绝对数量的增长对粮食需求增长的贡献仍不容忽视。目前，人均口粮消费量逐渐趋于稳定并略有下降（罗良国等，2005），人口增长依然是粮食总需求量增长的主要推动力，准确把握未来中国人口发展的趋势是对粮食需求进行合理预测的关键。

在考虑人口对粮食消费的影响时，大量的研究都考虑人口对粮食消费影响的规模效应。通常的做法是，根据收入、价格以及其他影响粮食消费的因素，通过分析和解释过去的消费习惯后，对未来的人均粮食消费水平进行估计。在此基础上，利用未来人口的预测值来测度未来粮食的需求总量，评估未来的粮食安全水平（Alexandratos，1997；高启杰，2004）。

然而，人口的规模对家庭食品消费支出的影响却并没有表现出正相关关系。Deaton和Paxson（1998）认为，在保持人均收入水平不变的情况下，由于存在公共品的非排他性以及服务的溢出效应，人口较多的家庭其食物以外的商品，如房子、水电费等的支出会随着人口的增加，对应的人均支出反而降低；但是由于食物更多地倾向于是私人产品，则对应家庭的食品消费支出的比重会随着家庭规模的增加而提高，由此可以推断：一旦贫困家庭的人口越多，其贫困程度就越深。可是他们的实证研究却表明家庭规模越大，食品的消费支出比重就会下降。

Gan 和 Vernon（2003）虽然没有给出进一步的实证证据，但是其认为合理的解释是：食品消费同其他商品消费一样，存在消费的溢出效应。家庭内各成员食物消费的数量存在差异，因此食品消费支出并非同人口数量同比例增加。David 等（2009）利用塞浦路斯（Cyprus）625 户居民调查数据做了支持。其使用方法是简单的回归分析，并将家庭中妇女的年龄考虑进去（女性是家庭食品消费的主要决策者）。女性作为家庭食物的购买者以及分配者往往对家庭的食品支出具有重要的影响。

人们普遍认为在发展中国家，家庭规模越大，就越贫困。因此，以家庭成员的个数作为解释变量来对家庭的食物消费行为进行解释，则家庭人口数量越多，对应的食物消费支出也就越大或是食物支出的比重增加。事实上，这一假定得到了大量的否定（Deaton & Muellbauer, 1986; Perali, 2008; Sabates et al., 2001; Gould & Villarreal, 2002）。这一假定隐含着每个家庭成员具有相同的边际消费能力。Sabates 等（2001）指出，在相同的年龄教育水平以及生活条件下，男性的食品支出要明显高于女性。Deaton 和 Muellbauer（1986）指出，孩子的食物消费支出只有其父母这部分支出的30%~40%。相较以往用家庭规模作为家庭食物消费行为的解释变量，若以家庭成员的年龄性别信息作为变量能够大大提高对家庭食品消费行为的解释能力（Gould & Villarreal, 2002）。

由此可见，粮食消费不仅受到人口规模变化的影响，人口结构变化也会对粮食消费产生影响。人的胃总是有限的，食物消耗的数量并非仅仅依赖收入的增加。一个人收入提高了，不代表其吃饭会比以前多，很有可能由于年纪越大而吃得更少。无论是从一个国家还是从家庭来看，家庭内部的人口结构都会对粮食消费产生影响，例如，相同的三口之家，一个是由一对年轻夫妻和一个儿童组成的家庭同由一对老年夫妻加一个成年子女的家庭比，在相同的收入水平条件下，哪个家庭会消费更多，哪个又会消费得少点儿呢？一个国家的人口状况变动对粮食消费的影响更是如此。

2.3　等成人消费

事实上，越来越多的研究开始关注人口结构对消费、储蓄以及食物支出的影响。如 Lanjouw 和 Ravallion（1995）指出确定贫困状况是要考虑家庭的少年儿童以及成年人的比重。同时，由于食品消费支出占总支出的比重能够用于测度不同家庭规模以及收入水平下家庭的福利状况，所以很多研究也是利用这一支出比重来作为贫困的替代变量。

为了比较不同家庭人口结构下的消费特征，最常用的方法是将不同年龄性别人口折算成标准人，从而使得不同家庭人口特征进行等价比较。最早提出等标准（Equivalent Scale）概念的是 Engel（1893）。他在研究食品需求函数中指出，由于存在不同年龄性别人口食品消费能力的差异，使研究家庭食品消费的方程需要得到修正。理想的状态是，在获得不同年龄组的食物消费水平时，通过确定一个标准的食物消费量，给对应每个类型的人口以相对的消费权数，从而使得计算不同家庭类型对食物消费的影响成为可能。

随后 Sydenstricker 和 King（1921）利用这一概念研究人口结构对特定商品需求的影响，自此研究家庭人口特征对不同商品需求的研究也就越来越多，从而使得等标准成人的概念成熟起来（Prais & Houthakker, 1955; Barten, 1964; Buse & Salathe, 1978; Pollak & Wales, 1981; Deaton & Muellbauer, 1982; Gould & Villarreal, 2002）。

如 Gould 和 Villarreal（2002）分析墨西哥的食物消费支出，利用 Buse 和 Salathe（1978）修正过的消费模型，计算出不同年龄性别人口的等成人消费权数，并对不同年龄性别人口的猪肉和牛肉的消费支出进行对比。其研究结果表明，传统的以家庭规模作为消费支出模型中，隐含的所有家庭成员具有相同的边际消费效应的假定是值得怀疑的；同时支出对于不同的商品或是服务，其不同年龄或性别等成人消费权数也各不同。因此，在研究不同商品和服务的消费需求时，如果采用等成人消费这一概念时，需要重新进行分析计算。

在研究收入分配、福利以及贫困的分析中，也用到类似等成人的概念（Muellbauer, 1974, 1975; Blaylock & Smallwood, 1982, 1986; Chavas & Citzler, 1988; Blaylock, 1990, 1991; Meenakshi & Ray, 2002）。其基本的思路是：由于家庭的人口特征如性别、年龄以及家庭的规模会影响对某些特殊商品的需求，因此在给定收入以及价格水平下，人口特征主要是影响各不同人口结构家庭的相对购买力水平，进而会影响福利政策实施的效果。

检验人口结构差异对消费带来的影响最常用的方法是利用等成人消费（Adult Equivalent Scale）。通过给不同年龄性别人口分配不同的等成人消费权重的方法取代传统的人口规模对家庭的食品消费支出进行研究，不仅能够对不同人口结构的家庭福利或贫困变化进行对比，也能够对家庭人口变化导致的消费行为变化进行预测（Meenakshi & Ray, 2002）。

有关等成人消费权数的测度方法有两种：一是根据不同年龄性别人口的生理和营养的需求获得（Hymans & Shapiro, 1976）；二是可以利用实际的消费数据，通过计量模型计算而得（Buse & Salathe, 1978; Tedford et al., 1986; Bradbury,

1994；Sabates et al.，2001；Gould & Villarreal，2002；Chavas & Citzler，1988）。

Buse 和 Salathe（1987）的等成人消费模型可以预测人口结构调整对家庭支出变化的影响，而 Barten 模型是假定在家庭效用水平、价格等条件不变的情况下，家庭人口结构变化导致生活成本变化（生活成本指数）作为标准人尺度。该方法主要用于衡量家庭结构变化对福利的影响。

现有的大量研究都已经普遍接受了不同年龄、性别人口的消费存在差异。无论是利用 Buse 和 Salathe 模型还是营养需求表都可以获取等成人消费权数，使得计算等成人消费的个人消费成为可能。但是，现有的研究的主要目标都是放在等成人消费权数的求解上。Blaykock（1991）指出，等成人支出权数的选取显著地影响食物的支出价格弹性的估计。

2.4 小结

通过对已有的有关人口结构对商品和服务的消费影响的文献总结来看，等成人消费能够对不同年龄和性别特征人口的消费行为差异作出表示，能够运用到对不同家庭类型的贫困程度和福利变化的测度等具体的政策制定过程中。本书沿用这一概念，对我国过去的粮食消费行为作出解释，并提供具有可操作性的政策参考。

人口和就业结构的变化是通过对人均粮食消费变化产生影响，进而对粮食消费总量产生作用的。在保持收入价格以及其他因素不变的情况下，人口和就业结构的调整，使得一个群体的人均粮食消费产生变化。

本书选取以人均粮食消费为研究对象，根据 FAO 于 2001 年出版的分年龄性别和职业的营养摄入作为等成人或职业消费权数选取的基础，用以观察不同人口和职业结构特征下的人均粮食消费变化。

第3章 分析框架

现有有关粮食需求研究都是从经济因素角度出发。在进行粮食消费简单的分析和预测研究中，其潜在的研究假定消费者的个体特征对粮食消费不产生影响。然而，这一假定需要做进一步修正，并需要找到合适的方法和手段将不同消费特征引入到实际的分析和预测中。本章分 6 部分来介绍本书的具体分析框架。

3.1 基本概念的界定

不同的学者和机构根据其研究的实际需要对于粮食做了不同的定义。但是归类来看，有关我国粮食定义可以分为国际和国内，或者称为广义和狭义两种。国际粮食比较中，所谓的粮食接近我们常讲的谷物概念。如 FAO 定义的粮食包括已碾磨的稻谷、小麦、玉米、大麦、黑麦、燕麦、小米、高粱和混合粮食等与其他粗粮，共包括 17 种谷物。USDA 定义的粮食包括大米（即已碾磨的稻谷）、小麦、玉米和其他粗粮；类似地，OECD 也同样是将小麦、大米（以研磨过的形式计量）、玉米、高粱、小米、大麦和燕麦等定义为粮食。事实上，布朗（1995）以及世界银行都是根据这一定义来对中国的粮食安全进行分析和评价的。

但是，国内有关学者甚至政府机构在对我国粮食进行定义时，除包含国际上通常所说的谷物之外，还包括薯类、豆类等。如《国家粮食安全中长期规划纲要》中的粮食概念包括了美国农业部定义的种类之外还包括马铃薯、豆类以及其他粮食诸如荞麦等，谷物包括稻谷、小麦、玉米、高粱、小米、大麦和燕麦等，但不包括油菜籽，而薯类（仅指马铃薯和甘薯）根据重量按 5∶1 的比率转化为粮食，其他粮食一律按脱粒后的原粮计算（国家统计局，2009；国家发改委，2008）。

本书中的粮食概念与我国相关机构的粮食统计口径保持一致，将对我国粮食消费的总量进行研究。这样一来将易于观察人口变迁对我国粮食总需求影响趋势的分析，并作为借鉴和有利于被政府部门采纳。

3.1.1 食品消费结构

食品消费结构,是指在一定的社会经济条件下,人们在消费过程中所消费的各种不同类型的食品消费产品的比例关系。它主要反映人们消费生活中食品消费需要、消费水平、消费结构以及消费方式等基本内容和发展变化。

根据我国食品分类系统,可以将食品大致分为16种:一是乳与乳制品;二是脂肪、油和乳化脂肪制品;三是冷冻饮品;四是水果、蔬菜(包括块根类)、豆类、食用菌、藻类、坚果以及籽类等;五是可可制品、巧克力和巧克力制品(包括类巧克力和代巧克力)以及糖果;六是粮食和粮食制品;七是焙烤食品;八是肉及肉制品;九是水产品及其制品;十是蛋及蛋制品;十一是甜味料;十二是调味品;十三是特殊营养食品;十四是饮料类;十五是酒类;十六是其他类。

这16种食品中,对粮食消费产生影响的主要是:粮食及其制品、肉类及其制品,因此,在对食品消费结构变化对粮食需求的影响研究中,也主要是以这两种食品的消费关系的变化对应粮食需求。

经济发展过程通常伴随着从谷物(碳水化合物产品)为主要营养来源向畜产品(蛋白质产品)为主的消费结构调整。谷物消费的增长或下降会导致粮食消费同数量的增长或是下降,而由于畜产品消费的增加或减少则导致对粮食需求成倍地增加或是减少(取决于饲料转化率),故而在谷物和畜产品按不同比例向人体提供相同的热量时,粮食的总需求会有所差异。因此,可以通过比较最终粮食消费量同人体摄取的热量之间的关系,对不同食品消费结构下粮食的最终需求做出判断。

3.1.2 等成人消费权数

现实生活中,不同年龄组的人有不同的需求。随着年龄构成的变化,人们对一定种类物品或服务的需求和总需求一样产生变化。假定收入和价格等其他条件一定,作为影响总消费需求的一个因素,年龄构成会部分决定总消费需求。有研究表明,儿童的消费需求要少于成年人,有一些研究认为少年儿童和老年人的需求相似。

在对随着年龄而改变消费需要的研究中,通常以消费比例为依据,这个比例是根据各年龄组的不同需求分配给不同年龄组人口的权数,即消费系数。这样就使得计算与成年人对等的个人需求成为可能。这些权数可依据对实际消费类型的观察或是建立标准而进行的研究而获得。

本书中,根据FAO分年龄、性别人口的日热量摄入量为基础,以17~18岁成年男子的日热量摄入为一个标准成人的摄入量,计算出各年龄和年龄组对应的等成人消费权数,该权数具体值详见第 4 章表 4-1。

等职业消费权数同年龄构成下的等成人消费权数的概念相似,我们也可以获得不同职业组的等职业消费权数。在对不同职业人口对应的消费需要分析里,根据各职业组的不同需求分配给不同的消费权数。这样就使得计算与职业最高需求对等的职业消费需求成为可能。

本书中,根据 FAO 分职业人口的活动系数为基础,以强度最大的职业,如运动员等劳动强度,作为职业最高的热量摄入水平。计算出各职业组对应的等职业消费权数,该权数具体值详见第 5 章表 5-3。

3.1.3 有效人均粮食消费综合指数

有效人均粮食消费综合指数(Adult Male Equivalent Scale)也可以称为人口结构指数,其利用分年龄、性别人口的等成人消费指数,以及对于该国家或地区内的人口结构计算而得的综合等成人消费权数。

假定一个国家的总人口为 N,各年龄性别人口的数量为 n_{ik},则该国家折算成以标准成人之后的总人口为:

$$M = \beta_{ik} \cdot n_{ik} \quad (3-1)$$

M 表示的是按等成人计算的实际总人口。

我们进一步调整为观察有效的人均消费指数:

$$AMES = \frac{M}{N} = \frac{\beta_{ik} \cdot n_{ik}}{N} = \beta_{ik} \frac{n_{ik}}{N} \quad (3-2)$$

从有效的人均消费综合指数的计算公式来看,AMES(Adult Male Equivalent Scale)由两部分构成。一是各年龄性别人口对应的等成人消费权数;二是各年龄性别人口对应的人口比重。该综合性指数表达的是:以日热量消费为基础,计算一个国家内,按照标准人核算的该国家对应的有效人均摄入指数。该指数显示了不同人口结构,以热量需求计算的国家平均的消费水平,该指数同该国家人均热量需求具有一致的变化方向。

3.1.4 标准成人粮食消费量

标准成人粮食消费量(Standard Consumption,SC),从理论上讲,是一个标准成年人满足其每日所需营养下的最基本的粮食需求。该概念有助于比较不同年龄、性别和职业人口生理需求的差异,并有利于对我国未来的粮食需求做预测。

本书中,实际测度的标准成人粮食消费量是根据国家卫生部发布的《中国居民膳食指南(2007)》(以下简称《指南》)获取的。《指南》明确地指出我国居民的营养目标,并对我国国民营养和粮食及食品生产进行指导。新的膳食宝塔分为五层,其中谷物食物位居底层,每人每天应摄入 250~400 克;蔬菜、水果居第二层，每天应摄入 300~500 克和 200~400 克；鱼、禽、肉、蛋等动物性食物位于第三层，每天应摄入 125~225 克（其中，鱼虾类 50~100 克，畜、禽肉 50~75 克，蛋类 25~50 克）；而奶类和豆制品合居第四层，每天应吃相当于鲜奶 300 克的奶类及奶制品和相当于干豆 30~50 克的大豆及其制品；第五层塔顶是烹调油，不超过 25 克或 30 克、食盐不超过 6 克。

我们取该《指南》膳食宝塔每种食物消费量的上限作为一个标准成年人的消费量。另外在粮食消费预测中，根据膳食宝塔中涉粮产品的粮食折算率，转化为一个标准成年人的粮食消费量。具体的可见第 7 章第 2 部分。

3.2 生理需求与粮食消费

在本书中，由于我国历年实际的粮食消费数据缺乏，以及估计数据的准确性，大大降低了直接利用宏观研究数据进行分析的准确性。因此，我们在确认人口和职业结构对人均粮食消费影响的作用机制的同时，将实际分析分为两个层次：一是从热量需求的角度出发，考察人口和职业结构的调整对人均的日热量消费的影响；二是分析在确定了个人日热量消费的情况下，不同食物消费的组合对我国粮食未来需求的影响。在这两个分析的基础上，进一步对我国未来的粮食总消费做简单的预测。

根据 FAO 的定义：粮食安全要满足所有人能够获得足够、安全和富于营养的粮食来满足其积极和健康生活的膳食需要及食物喜好。因此，常见考核粮食安全的指标有人均的粮食获取总量和各类营养素的摄入水平这两种。虽然营养指标包含热量、蛋白质、脂肪以及各种微量元素的摄入，但维持人体每日各类生理和物理基本活动需要消耗热量，且粮食是人体的主要热量来源，因此很多研究从热量摄入的角度来观察粮食安全（Du et al., 2002; Meng et al., 2009; 速水佑次郎，2001）。

同传统的收入、价格以及食品消费结构这些经济因素相比，人口结构（如年龄、性别）和职业（劳动强度）通过人体的生理需求差异影响热量摄入量的需求。然而，由于食品消费结构的差异，热量摄入需求并不等于粮食需求，因此在研究人口结构和职业对粮食需求的影响时应当分两部分进行：一是定量研究人口结构和职业变化对热量摄入需求的影响；二是根据食物结构确定热量摄入需求和粮食消费总量之间的关系。

热量源自于个人每日摄入的食物，食物在被人体消化后，以热量的形式供人体维持新陈代谢以及身体生长需要。所有消费的食物可以分为粮食和非粮食，而粮食又可以分为两大类，即食物用粮和非食物用粮（工业用粮和种子用粮）。食物用粮又可以分为口粮和饲料粮两大用途。在人们的日常饮食中，口粮主要为谷物，而饲料粮主要用于畜产品生产。由于收入水平、价格以及个人消费的偏好，人们的食品消费结构即谷物和畜产品消费比例会发生变化（包括城镇化过程中农村人口转移到城市后食品消费结构的变化），导致食用粮食需求总量发生变化。但无论食品消费结构如何调整，其目的都是满足人体日常热量摄入。

因此，可以认为，从最终食品摄入总量的角度看，对热量生理需求的变化基本上独立于食品消费结构的变化，即收入水平等因素改变食品消费结构以后，对热量的生理需求就决定了不同人群在特定消费结构条件下的食品需求；反过来也一样，根据人体的生理和物理需求决定热量的生理需求以后，不同的食品消费结构就决定了最终食品消费总量。因此，本书先从人口结构（年龄性别）和劳动强度等生理因素的角度出发，验证其对热量需求的影响，再根据不同食品消费结构来确定最终的食用粮食需求，以此对已有有关粮食消费的研究进行补充。

3.3 人口结构和就业结构对食品需求影响的基本逻辑

在给定的收入、价格以及食品消费结构的条件下，处于不同年龄的个体其热量需求是不一样的。一个人从婴孩到青少年再到中年直至老年的整个过程中，其能量的摄入量是一个开始不断增加到达一定点后不断下降的过程。也正是由于人生理上的这种能量需求的过程，导致了个体在不同年龄阶段对粮食的需求呈现出倒 U 形的结构。

最直观刻画一个国家和地区的人口结构变化的就是人口金字塔。如果一个国家的人口金字塔形状不发生改变的话，则不同年龄性别人口的粮食需求差异并不会导致人均粮食消费的差异。因为，人口金字塔①会抹平不同年龄阶段人口的粮食消费差异，从而使一国的人均粮食消费量在一段时期内表现出平稳的变化趋势。然而，人口本身是动态变化的。相对应地，一旦人口金字塔的形状发生调整，对应的人均粮食消费也会随之发生变化。因此，我们从人口金字塔形状的改

---

① 人口金字塔是按人口年龄和性别表示人口分布的特种塔状条形图，是形象地表示某一人口的年龄和性别构成的图形，水平条代表每一年龄组男性和女性的数字或比例，金字塔中各个年龄性别组相加构成了总人口。

变出发考察其对人均粮食消费的影响。

人口金字塔可以反映出人口年龄、性别构成差异，以及出生率、死亡率、未来人口再生产变化趋势。由于同一国家不同时期的人口构成不同，各国人口构成也不同，所以，绘制出来的人口金字塔是各不相同的。但是大体上人口金字塔可分为三种类型：年轻型、成年型和老年型。它们的形状各不相同，年轻型：塔顶尖、塔底宽。成年型：塔顶、塔底宽度基本一致，在塔尖处才逐渐收缩。老年型：塔顶宽、塔底窄。从人口年龄结构对今后人口增长速度影响的角度来看，又可将人口金字塔分为扩张型、静止型和缩减型，分别与年轻型、成年型和老年型相对应（见图3-1）。

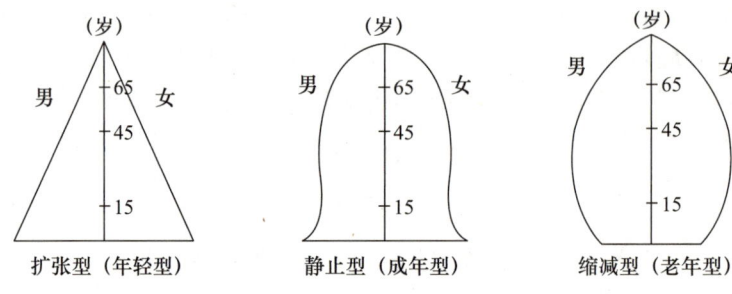

图3-1 人口金字塔示意图

为了进一步观察人口金字塔的调整对粮食需求的影响，我们根据人体粮食消费能力的变化过程，将人口金字塔分为三段，并通过简单的数理进行分析。根据有关人口统计指标的划分，可以把人口划分为三大年龄组：少年儿童、成年人（劳动年龄人口）、老年人。现实生活中，不同年龄组的人有不同的需求。随着年龄构成的变化，人们对一定种类物品或服务的需求和总需求一样产生变化。如果收入水平一定，作为影响总消费需求的一个因素，年龄构成会部分决定总消费需求。

假定一个标准成年人（15~65岁）的粮食消费为单位1的消费量，少年儿童（年龄小于15岁）的粮食消费量相当于一个标准人的0.75，而老年人（65岁以上）的粮食消费量仅为一个标准成年人的0.65。为了便于比较，剔除掉人口总量的影响，我们均采用人均的消费变化。

由于年轻型和成年型均不具备老龄化特征，且其表现在中青年人口比重的调整。因此在进行对比时，假定这两种不同的人口金字塔结构下具有同比例的老年人口。而老年型的人口金字塔是在经济发展水平高、医疗服务条件好，随着人们预期寿命的延长表现为老年人口比重的增长，故假定其与成年型人口金字塔的国家具有相同的少儿的比重。国际通行以老年人口占总人口的比重作为衡量老龄化的指标。如果 60 岁以上老年人口占总人口的比重达到 10% 以上，或者 65 岁以上的老年人口占总人口的比重达 7% 以上，标志着这个国家或地区的人口进入了老年型，人口开始老化。在这里我们假定老龄人口占总人口的比重为 8%。

根据我们简单的数量分析结果可以看到：随着一个国家经历不同时期的人口结构类型时，其对应的平均粮食需求也会发生变化（见表 3-1）。处于年轻型人口金字塔的国家，其老年人口较低，人口出生率和死亡率都较高，青少年人口比例较大，其人均的消费权数为 0.902；随着生育率下降，青少年人口在总人口中的比例明显缩小，而成年人，尤其是中年人的比例扩大，从 62% 上升到总人口的 75%，其对应的人均粮食消费权数就为 0.9345，至少增长了 3 个百分点。然而，随着经济水平的提高，预期寿命的延长，老年人比重的进一步增加，从 3% 上升到 8%，青少年人口的比重保持不变，对应的人均粮食消费权数为 0.917，从成年型到老年型，人均的粮食消费权数下降了近 1 个百分点。

虽然这里分析的是不同人口金字塔形状的改变导致人均粮食消费变化的情况，但是根据这一结果，我国仍然可以推断出，即使人口金字塔的形状不发生变化，随着不同年龄人口比重的调整，对应的人均粮食消费需求也会发生变化。

表 3-1 不同类型人口金字塔的人均粮食消费指数

年龄组（岁）	消费权数	各年龄组占总人口的百分比（%）		
		年轻型	成年型	老年型
<15	0.75	35	22	22
15~65	1.00	62	75	70
65+	0.65	3	3	8
平均消费权数		0.902	0.9345	0.917

3.4 人口变迁、食品消费结构与粮食需求之间的数量关系

诚如上节所讲，在研究人口结构对粮食消费的影响时，基本的逻辑思路是：不同年龄、性别人口存在显著的生理差异，导致其每日所需的热量摄入都不同，这最终表现为人均热量需求随着人口结构变动而变化。由于满足人体每日所需的

热量摄入来源于食物的消费,因此人口年龄结构的变化将最终引起食物消费量的变化。从营养学的角度来说,食品消费是为了维持每日新陈代谢以及日常活动。因此,医学、营养学通过大量的统计,绘制出分年龄性别的日热量消费量表参考值(FAO/WTO/UNU,2001),可以有效地用于反映一个社会人均的热量摄入标准,过多或过少的热量摄入将导致肥胖或营养不良的发生。以人均热量作为人口结构变化的灵敏器,不仅因为热量摄入既是一个相对的健康标准,也是一个稳定的指标。在食品消费构成稳定的情况下,有助于衡量人口结构因素自身变化对粮食消费的影响。

此外,社会经济的发展极大地丰富了人们的餐桌。快速的工业化和城镇化推动了居民的食品消费结构的调整。基本的发展规律是,热量摄入源从原来以淀粉为主的谷物类消费向以蛋白质为主的畜产品消费转变。口粮(谷物)消费虽然会随着居民收入水平的提高而下降,但畜产品消费的增加使得对粮食需求的间接消费大幅度提高,进而带动粮食总消费的增加,这也是城镇化对粮食需求影响的关键所在。从营养源来看,人们的食品消费构成中可以分为涉粮产品和非涉粮产品。其中,非涉粮产品包括人们常吃的水果、植物油等不与粮食存在生产转化关系的食品;涉粮产品则包括口粮和畜产品消费所引起的饲料粮产品。根据我国粮食消费的用途分类,口粮和饲料粮消费占粮食消费总量的85%以上。因此,必须考虑食品消费结构调整对最终粮食消费的影响。

综合来看,对一个个体来说,在其每天所需的营养摄入不变的情况下,如果采用不同的食品消费结构,其所需的最终粮食消费量也会不同。那么对一个国家而言,考察人口结构对粮食最终需求的影响时,可以分为两个部分:人口结构对人均热量消费的部分以及食品消费结构变动对最终粮食需求的部分(见图3-2)。

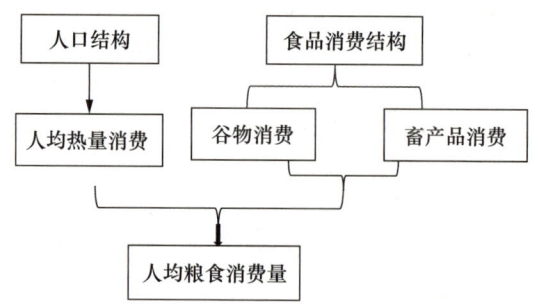

图3-2 人口结构、食品消费结构与粮食消费之间的关系

根据上述分析,假定 EI 表示人均的热量摄入,$Grain_{EI}$ 表示每单位热量摄入所需要的粮食,那么人均的粮食消费 D 可以表示为:

$$D = EI \times Grain_{EI} \tag{3-3}$$

等式两边求导，则：

$$\Delta D = \Delta EI + \Delta Grain_{EI} \tag{3-4}$$

等式右边第一个部分表示人均热量变动，主要取决于人口结构变化；第二个部分则为单位热量摄入所需的粮食变化，主要取决于食品消费结构的变化。

3.4.1 食品消费结构与热量摄入之间的数量关系

口粮和畜产品的消费是人们食品消费结构里决定粮食最终消费的重要因素。假定 i 表示涉粮的食品，j 表示非涉粮的食品，μ 表示食品的粮食折算系数，η 表示食品的热量含量。其中，口粮可以根据相应的折算系数转化成原粮，而畜产品也可以根据肉料比折算成粮食，在畜产品养殖技术没有突破的情况下，μ 为既定常数。而各类食品的热量含量也可以根据《食物成分表》查阅，η 也为常数。

如果已知各类食品消费量 food，则粮食消费 R_{grain} 可以表示为：

$$R_{grain} = \sum \mu_i \times food_i \tag{3-5}$$

热量摄入可以表示为：

$$Energy = \sum \eta_i \times food_i + \sum \eta_j \times food_j \tag{3-6}$$

式中，食品消费结构 φ 可以根据热量摄入源中的涉粮产品比重进行衡量，即

$$\varphi = \frac{Energy_{grain}}{Energy} = \frac{\sum \eta_i food_i}{\sum \eta_i food_i + \sum \eta_j food_j} \tag{3-7}$$

每单位的热量消费对应的粮食消费 $\sigma_{energy-grain}$ 可以表示为：

$$\sigma_{energy-grain} = R_{grain}/Energy_{grain} = \frac{\sum \mu_i food_i}{\sum \eta_i food_i} \tag{3-8}$$

综合式（3-5）至式（3-8），人均粮食消费 R_{grain} 可以用热量摄入来表示，即

$$R_{grain} = \sigma_{energy-grain} \times \varphi \times Energy \tag{3-9}$$

3.4.2 人口结构变动与最终粮食消费之间的数量关系

在获得热量摄入和粮食消费之间数量关系的基础上，要预测人口结构变动对中国未来粮食消费的影响，我们仅需要测度人口结构因素的热量需求弹性。扩展的人均热量消费函数表示如下：

$$\ln EI_t = A + \alpha_1 \ln income_t + \alpha_2 \ln AMES_t + \beta Z + \varepsilon \tag{3-10}$$

式中，EI_t 表示 t 年时人均的热量需求量，$income_t$ 则为相应年份的人均收入

水平，AMES 为等成人综合人口指数①，α_1 测度的是收入的热量需求弹性，α_2 测度的是人口结构的热量需求弹性，A 为常数。

如果 g 表示增速的话，那么根据式（3-10）人均热量摄入的变化率表示为：
$$g(EI) = \alpha_1 g(income) + \alpha_2 g(AMES) \tag{3-11}$$

式中，g（income）表示收入增长率，g（AMES）表示人口结构变化率。结合式（3-9），今后人均粮食需求可以用热量需求变化进行表示，即
$$R_{grain}^t = \sigma_{energy-grain} \times \varphi \times Energy \times [1 + g(EI)] \tag{3-12}$$

3.5 对传统粮食需求模型的修正

人口和就业结构的调整是处于长期动态变化之中的。虽然在对人均粮食需求产生影响的过程中，职业结构调整同人口年龄结构特征变化具有相同的作用原理，但是由于同职业相比，人口结构的变化更持续且影响程度更深，因此未来的粮食需求预测是不能够忽视人口因素影响的。本节内容就是在理顺了人口结构对人均粮食需求影响的基础上，对现有的粮食需求预测模型进行简单的修正。

如果给定粮食消费—年龄曲线，则高粮食需求年龄段人口份额的增加必将会提高人均的粮食消费水平。因此，在人口结构年轻化的过程中，经济水平提高的作用很可能会被夸大，因为人口结构的调整也会导致人均的消费发生调整。年龄等人口结构特征的变动对粮食需求的影响可以归结到一个简单的增长模型当中。

定义有效人均粮食消费为：
$$\dot{c}(t) = AMES_t \times sc(t) = sc(t) \times \sum_{i=0}^{90+} \beta_i \frac{n_{it}}{P(t)} \tag{3-13}$$

式中，sc(t) 表示 t 年份一个标准成年人的粮食需求量；$AMES_t$ 表示一个国家在 t 年份时所有人口折算标准人之后的综合人均粮食消费指数；β_i 表示年龄或处在年龄组为 i 的人对应的标准人折算系数；n_{it} 表示一个国家 t 年份年龄或年龄组为 i 的人的数量；P(t) 表示一个国家 t 年份时的总人口数量。

则总的粮食需求水平修正为：
$$C(t) = \dot{c}(t) \times P(t) = P(t) \times \sum_{i=0}^{90+} \beta_i \frac{n_{it}}{P(t)} \times sc(t) \tag{3-14}$$

---

① 有关等成人综合指数的定义和计算方法请参见 Zhong, Xiang and Zhu. Impact of Demographic Dynamics on Food Consumption—A Case Study of Energy Intake in China. *China Economic Review*, 2012, 23 (4): 1011 - 1019。

式中，C(t) 表示 t 年份对应的粮食总需求；ċ(t) 表示 t 年份时对应的有效人均粮食需求量。在既定的消费模式（如果 sc(t) 已知的话）下，人口结构的调整对粮食需求的影响取决于未来各年龄组人口数量的变化。

根据时间推算法来观察各年龄人口的估计。则 0 岁以上的人口估计公式为：

$$P(a,t) = [1-\eta_{a-1}(t-1)]P(a-1,t-1), \quad a=1,2,3,\cdots,n \quad (3-15)$$

式中，$1-\eta_{a-1}(t-1)$ 表示的是 t-1 年 a-1 岁人口存活到 a 岁的概率。在对人口进行估计时，估计的准确性往往取决于新生儿估计的准确度。因为在没有战争、流行病或是其他重大自然灾害的时候，各年龄的死亡率相对稳定。

新生儿的数量则是由该时期育龄妇女的人数以及各年龄妇女的生育率决定的，具体的计算公式表示为：

$$P(0,t) = \sum_{i=15}^{49} w_i(t) \cdot g_i(t) \quad (3-16)$$

式中，P(0, t) 表示的是 t 年新生儿的人口数量，其中 $w_i(t)$ 和 $g_i(t)$ 分别表示年龄 i 妇女的生育率和妇女人口数。通常，一位女性生育孩子的年龄为 15~49 岁。在实行计划生育政策的中国，对应一个妇女一生生育孩子的数量受到了严格控制，因此新生儿的数量往往受到育龄妇女数量的影响。然而，我国的一胎政策以及准许农村夫妇在一胎是女孩的情况下生育二胎，使得我国新生儿性别比例严重失调（Cai & lavely, 2004; Zhu & li, 2003）。这意味着，我国未来的育龄妇女数量会出现大幅度波动。另外，我国不规则的人口金字塔随着时间的推移而不断向上推进，育龄妇女数量会随着时间的推移发生改变。

中国在 20 世纪 80 年代出现育龄妇女高峰，并且当时的生育率稳定在世代更替水平附近。但是 1991 年之后生育率急剧下降，从 80 年代后期的 2.3 左右下降到 90 年代中期的 1.3 左右，而从 1992 年后 20~29 岁妇女人数快速下降，这双重因素导致每年出生人口从 1990 年的 2300 万人左右快速下降到 2005 年的 1400 万人左右。2005 年之后生育率仍然保持在超低水平，但 20~29 岁妇女出现高峰，遏制了出生人口的继续下跌。但 20~29 岁妇女在 2011 年达到 1.04 亿人的顶峰之后又快速减少，到 2030 年只有 0.63 亿人，下降 40%（联合国，2008）。这就意味着中国每年出生人口将快速下降。

当我国的经济水平达到一定高度之后，即使人们的食物消费结构稳定不发生改变，如果我国的人口结构出现调整的话，不同年龄、性别人口的比重发生巨大的变化，未来我国的粮食需求水平也会随之发生变化。从长远来看，我国城乡所实施的差异化计划生育政策很可能逐渐消除，未来逐步开放"二胎"政策。一方面我国未来育龄妇女的人数可能发生很大的变化，同时育龄阶段妇女的生育率也可能出现部分调整，未来我国的人口虽然总量也会出现持续性的变化，但是在这一过程中，人口结构的调整可能发生更剧烈的调整。而这一变化过程对我国未来的粮食需求预测将产生巨大的影响。

粮食安全预警系统在原有的经济分析的基础上,增加人口结构因素的影响,从而提供更全面的粮食安全政策分析和具有可操作性的政策建议。

3.6 小结

本章主要介绍了本书的具体分析框架。研究从粮食需求理论出发,放宽对个体因生理需求导致的粮食需求变化差异假设。整个逻辑是建立在差异个体比重的调整对平均消费能力影响的基础上,由于个体特征差异表现在其日热量消费差异上,故在下面章节的具体分析中,首先证实人口和职业调整对人均日热量消费的影响;其次分析在我国现有的经济条件下,一旦确定了人均日热量消费时,不同食物消费结构对应的粮食需求;最后通过模拟我国未来的人口结构和总量变化,对我国未来的粮食需求进行对比分析。

第4章 人口结构对粮食需求影响的实证分析

中国是世界上人口最多的国家。世界人口中约20%是中国人。由于全球粮食需求趋势在很大程度上取决于中国人口的发展，因此中国人口增速放缓对全球粮食需求增速放缓意义非凡。在过去30年的经济转型中，中国社会亲历了大规模的人口迁移和城市化进程，其绝对数量是史无前例的。

30年前，在目睹了前几十年的人口快速膨胀，中国政府坚信控制人口是确保人均收入增加的关键。对控制人口增长的讨论曾一度引导公众形成了一种人口过剩的意识，这种新马尔萨斯观点将人口控制与经济改革作为基本国策并存，导致了更严格控制生育政策的出台（Wang，2005）。在此后的几十年里，中国经历了一个历史性的人口转变过程。其已经从一个人口过渡型社会成功地转变为一个后过渡型社会①（Wang & Mason，2008）。据统计，我国65岁及以上的人口总量从1982年的4.91%上升到2009年的8.5%；15~29岁人口的比重则从1985年的29%下降到了2007年的21%（国家统计局）。

由于不同年龄性别人口的生理差异导致的食品需求存在差异，则中国人口结构的迅速变迁就意味着，从生理结构角度来看，中国的粮食需求对应也随之出现波动。以往的粮食需求往往从经济因素变化进行分析，如收入水平、价格等。相较经济因素，生理因素导致的食品需求是刚性的，因而无法被忽略。当前缺乏对中国人口现状和人均粮食消费的考量，从而使得决策者和学界无法充分理解人口因素在过去和将来，在中国粮食需求变化中所扮演与即将扮演的角色。

故本章在前面理论分析的基础上，建立起人口结构同粮食需求之间的影响关系，并以实证分析的方式进行证明。

---

① 人口过渡型社会的特征是死亡率的降低带来的人口快速增长，而紧随其后的生育率下降又会减缓人口的增长速度；后过渡型社会的特征则是期望寿命再创新高、生育率低于人口替代水平、持续性的人口老龄化日益严重。

4.1 中国人口变化

4.1.1 人口变化的主要指标

1. 人口增长率和生育率

1978~2000年,我国人口总量从不到10亿人增长到了12.5亿人,净增长31.5%。虽然这近20年时间里,中国人口增加了3亿人,相当于之前20年人口增长的总量;但是,自20世纪80~90年代的人口增长率却是新中国成立以来最低。1960~1980年,每10年的年平均人口增长率分别为2.26%和1.73%。然而,到了80年代,年均人口增长率下降到了1.46%,到90年仅有1.02%(勃兰特、罗斯基,2008)。

显然,中国的人口增长已经开始放缓(见图4-1)。很多证据表明90年代出生率的下降同我国经久不衰的计划生育政策相关,大规模的社会经济变革进一步改变了年轻夫妇的生育意愿和偏好(Merli & Smith,2002)。但有关我国人口增长率的准确程度没有确定的答案。第五次人口普查数据的准确性引起了广泛的争论。据该次调查显示,中国的总和生育率为1.22,包括数据采集在内的很多专家和学者都质疑这一数据的可靠性。有人认为,当前中国的生育率接近近代水平,每个妇女平均生育1.8个孩子,其他人认为过高了(Guo & Chen,2007)。

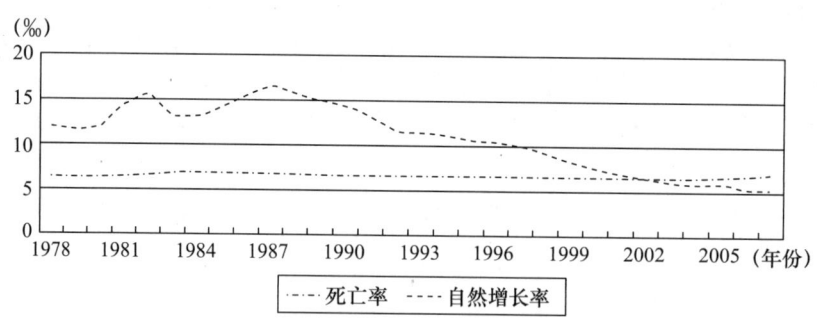

图4-1 1978~2007年中国人口自然增长率和死亡率

资料来源:《中国人口和就业统计年鉴(2008)》。

我们用人口的自然增长率变化来看21世纪我国的人口变化趋势。2006~2011年,我国人口的自然增长率从5.28‰下降到了4.79‰,下降了0.5个千分点。根据统计，2011年末，我国内地总人口（包括31个省（自治区、直辖市）和中国人民解放军现役军人，不包括香港、澳门特别行政区和台湾地区以及海外华侨人数）为134735万人，比上年末增加644万人；全年出生人口1604万人，人口出生率为11.93‰。

自90年代起妇女平均初婚年龄从22岁上升到24岁，婚育年龄的推迟使得我国人口增长率持续降低。随着教育水平的提高、女性地位的上升，越来越多的女性选择晚育或是不育。因此，地区间人口增长出现很大的差异。例如，经济水平高的上海，其人口增长率为负（不考虑其迁移进来的人口）；相比之下，经济水平低的河南，其人口生育水平超过国家平均的生育率。

2. 死亡率和性别比

20世纪90年代，我国死亡率已经持续大幅度下降。而且在该时期，男女的预期寿命大约增长了4岁。根据2000年的人口普查数据显示，我国男性的预期寿命为71岁，女性为75岁，都明显高于发展中国家的平均水平。预期寿命一方面得益于婴儿死亡率的下降，同时与我国农村新型合作医疗和城镇公费医疗改革密切相关。

中国的独生子女政策，尤其是因性别制宜的生育政策允许农村夫妇在第一胎是女孩的情况下生育第二胎，使得新生儿性别比和女婴死亡率在过去的20多年里迅速上升。据第三次人口普查数据显示，1982年新生儿的性别比为108.5，略高于正常水平103~107。此后，出生性别比飙升到1990年的114.1，最高的2008年则达到120.56。然而，出生人口性别比自2008年以来连续三年出现下降，表明出生人口性别比治理显现成效。据统计，2011年我国出生人口性别比为117.78，比上年下降0.16。受出生人口和死亡人口的影响，总人口性别比自2005年来一直呈现下降态势。

尽管这是近年来出生人口性别比首次出现下滑，但我国出生性别结构失衡形势依然严峻。中国社会科学院发布的2010年《社会蓝皮书》指出，到2020年，中国处于婚龄的男性人数将比女性多出2400万人，隔代婚姻、姐弟婚姻等错位婚姻现象将凸显。出生性别比偏高成为当前中国人口结构中最突出的问题之一。

有观点认为女婴人数少存在两方面的解释：一是由于性别选择性流产导致大量的女婴未出生；二是认为存在对女婴的瞒报，且这些数据并未体现在人口普查和调查之中。近20年的时间，男婴死亡率持续下降，大约下降了40%，而女婴的死亡率只下降了15%。1982年，我国女婴死亡率低于男婴，这同世界上不歧视女性的国家情况是相似的。但到了1990~2000年，这一情况完全被逆转。20

世纪70年代，我国超额年轻女性死亡率①仅为10%，而实行独生子女政策后这一指标于1995年已上升到了60%。尽管瞒报、漏报可能夸大年轻女性死亡率的上升幅度，但这并不能用于解释男女婴死亡率差异的增大。至少从统计的角度来看，要瞒报或是漏报不会仅仅只针对女婴。

3. 迁移和城市化

如果说生育率和死亡率的下降早于中国的经济改革，则流动人口数量的增加以及随之而来的城市化却显而易见是改革的产物。1987年进行了第一次全国性的流动人口调查。当时，10亿多人只有1520万流动人口，占总人口的1.5%左右（Chan，2001）。到1990年，流动人口②的规模增加到了3000万人；到1995年，该数值达到了5600万人。截止到2011年末，全国人户分离的（居住地和户口登记地所在乡镇街道不一致且离开户口登记地半年以上的）人口为2.71亿人，比上年增加977万人，其中，流动人口（人户分离人口中不包括市辖区内人户分离的人口）为2.30亿人，比上年增加828万人。

人口的迁移还表现在长距离③迁移的增多。据1982年、1990年和2000年的人口统计数据显示：我国长距离迁移的人口从1982年的700万人增加到了1990年的2200万人，而到了2000年，这一数值达到了7900万人，占当年总人口的6%。流动人口集中于向南方沿海一带迁移。到目前为止，最重要的迁移发生在广东省。2000年时的流动人口数量为2100万人，占全省人口的25%。

20世纪90年代，城市人口增长幅度是史无前例的。在这10年里，城市人口净增长1.57亿人，几乎为先前40年城市人口增长的总和。大量的农村人口涌入城市，成为城市人口增长的主力军，占90年代城市人口激增的60%（Chan & Hu，2003）。截止到2011年，城镇人口比重达到51.27%，与上年相比，上升1.32个百分点，城镇人口为69079万人，增加2100万人；乡村人口65656万人，减少1456万人；城镇人口比乡村人口多3423万人。

4.1.2 中国的人口变化的结果

1. 不规则的人口金字塔

过去的近30年，中国已经成功转型为市场经济，并取得了举世瞩目的经济成就。"中国人口太多阻滞经济发展"的论调逐步淡出了人们的视线。但是有关人口讨论在"可持续发展、资源的消费"等方面仍然继续。低生育率和低人口

---

① 超额女性死亡率是根据观测到的女婴死亡率水平高于预期水平的百分比来测量的。如果没有人为干涉，男婴的死亡率应较女婴死亡率高约20%。

② 流动人口是指离开户籍地6个月以上但户口仍未变的个人。

③ 所谓长距离迁移指的是不在户口登记城市的流动人口。

增长无法让中国政府和其他各国对中国的粮食安全问题放松警惕。

1949年以后,两个重大事件影响着随后中国人口演变的模式和速度。一是"三年自然灾害",二是20世纪80年代起实行的独生子女政策。从人口总量增长来看,1978~2011年,中国的总人口从不到10亿人上升到13.47亿人,净增长34.7%。然而,90年代的人口增长率却是新中国成立以来最低的。1950~1980年,每10年的年平均人口增长率分别为1.82%、2.26%和1.73%;到90年代则只有1.02%。

虽然人口总量的变化具有明显的增速放缓趋势,但是我国人口结构变化则复杂得多。从人口年龄结构变化来看:一方面我国老龄化程度日益加剧,65岁以上老年人口的比重从1964年的3.56%上升到2008年的9.54%;另一方面不同年龄组的劳动人口变化比例呈现出起伏波动的状况。据统计,我国15~29岁年龄人口比重从1964年的23.67%下降到了1982年的17.97%,但随后迅速增加,并在1990年达到了30.97%,在此之后就一直下降,2008年的比重为21.21%。

最直观刻画我国人口结构变化的工具是历年的中国人口金字塔。比较我国1953年、1982年以及2000年人口年龄金字塔形状(见图4-2)可以看到:我国的人口金字塔并非传统的人口金字塔形状的改变(由于出生率下降,底座变得越来越窄;由于死亡率的下降、预期寿命的提高,金字塔上端变得越来越宽),而是出现了两个不规则的缺口。以2000年的人口金字塔为例,第一个缺口是40~44岁人口,该缺口是由1959~1961年"三年自然灾害"导致少出生的人口而形成的;第二个缺口出现在11~31岁人口组中,比对1982年的人口金字塔可以知道该缺口的形成同中国自20世纪70年代末开始推行的独生子女政策密不可分,同时自然灾害后新出生的人口在政策推行时也不断进入生育年龄,这加重了政策对我国人口结构的影响。

人一生中对粮食和热量需求较高的阶段是其处于经济活动人的时候。而我国人口出生率的下降以及原有的人口结构,使得劳动力变化在历史上出现特有的高速增长阶段以及未来迅速下降的特征。事实上,在20世纪80年代和90年代,劳动力适龄人口的增长速度高于人口总量的增长,为我国提供了快速经济发展所需的大量廉价劳动力,即所谓的人口红利(蔡昉,2004)。如图4-2所示,劳动力的增长实质上已经开始放缓,劳动力市场正在吸收最后一批生育高峰期出生的人口(出生于80年代末的回声潮一代(Echo Generation)),未来进入劳动力市场的年轻一代是90年代出生的人口。

在20世纪90年代,我国计划生育政策已经完全渗入各个地区,加上高速经济发展,年轻一代人生育意愿降低,所以出生回波的规模将会很小。在现有的年龄结构情况下,假定各年龄段妇女的生育率保持不变,我国劳动力适龄人口下降得也就更多，并在 2015 年达到零增长（诺顿，2010）。可以推测，在未来高粮食需求人口比重的降低很可能会减缓甚至降低我国粮食需求的总量。为了研究人口结构变化对粮食需求的影响，我们首先引入等消费的概念，从而将不同年龄、性别的人口特征放入实证分析当中。

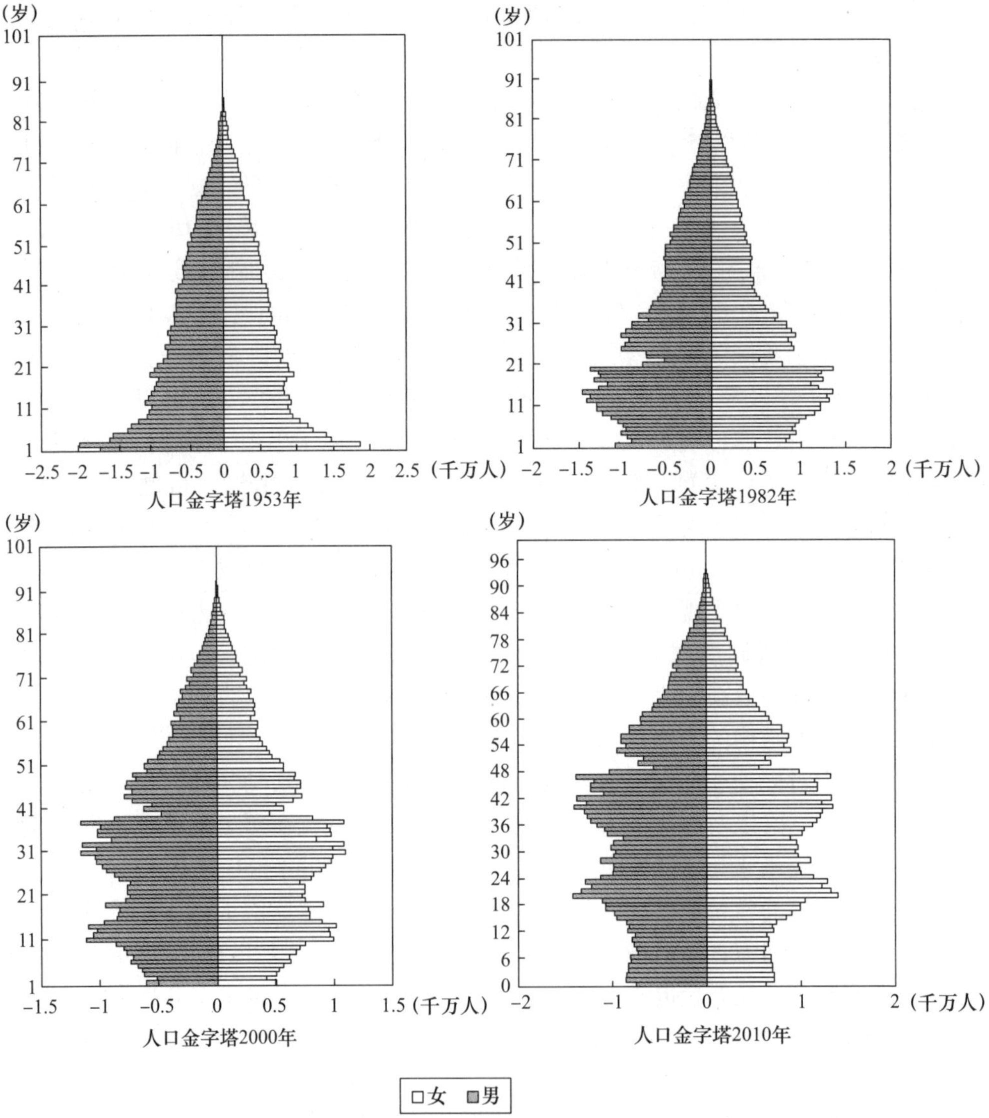

图 4-2　1953 年、1982 年、2000 年、2010 年中国人口金字塔

资料来源：历年《中国人口统计年鉴》。

2. 对人口结构的测量

虽然因生理因素导致不同年龄、性别人群的食品需求存在差异是一个显而易见的事实，但是怎样将中国的人口结构变化和粮食需求联系起来呢？较常用的做法就是赋予各年龄、性别人口以不同的消费权数，从而使计算一个群体总的消费权数成为可能（王金营、付秀彬，2006；Engel，1893；Sydenstricker & King 1921；Gould & Villarreal，2002），在此基础上，通过该综合的人口结构变量来测度人口结构对粮食需求的影响。

同研究消费函数不同，食物消费函数中不同年龄性别人口的消费差异主要源自其生理需求。因此，本书以分年龄性别的标准热量摄入水平为基础，确定以 17~18 岁男性的日热量需求水平为一个标准成人热量需求量（根据 FAO 测算的分年龄性别的日热量需求量表，17~18 岁男性为最高日热量需求的年龄组），并根据其他各人群的日热量需求量计算出其对应的等标准人消费权数（见表 4-1）。

表 4-1 分年率性别人口的等成人消费权数 β

年龄或年龄组	男	女	年龄或年龄组	男	女
0~1	0.1519	0.1361	13	0.8123	0.6977
1	0.2780	0.2537	14	0.8768	0.7182
2	0.3311	0.3070	15	0.9320	0.7305
3	0.3672	0.3390	16	0.9742	0.7340
4	0.3988	0.3639	17~18	1.0000	0.7340
5	0.4302	0.3900	19~29	0.8935	0.7120
6	0.4613	0.4188	30~39	0.8692	0.7073
7	0.4962	0.4557	40~49	0.8938	0.7158
8	0.5367	0.4979	50~59	0.7370	0.6399
9	0.5801	0.5437	60~69	0.7029	0.5988
10	0.6305	0.5883	70~79	0.7059	0.5537
11	0.6865	0.6302	80~89	0.4985	0.4053
12	0.7472	0.6674	≥90	0.5674	0.3982

资料来源：Daily Energy Requirement by Child and Adult in FAO/WHO/UNU，2001：26-27，48.

分年龄性别人口的等成人消费权数的计算公式如下：

$$\beta_{ik} = EI_{ik} / EI_{17,1} \quad (k=1 \text{ 表示男性}；k=2，\text{表示女性}) \tag{4-1}$$

式中，β_{ik} 表示年龄或是在年龄组 i，性别为 k 的个人对应的等成人消费权数；

EI_{ik} 表示年龄或是年龄组为 i,性别为 k 的个体每日标准热量摄入量;$EI_{17,1}$ 表示的是 17 岁男性的日标准热量摄入量。从 $β_{ik}$ 数值的大小来看,其最大值为 1,最小值为 0.1361。

该等成人消费权数的存在使得计算每个集体的总标准成人消费指数成为可能。假定一个国家的总人口为 N,各年龄性别人口的数量为 n_{ik}。则该国家折算成标准成人之后的总人口为:

$$M = β_{ik} \cdot n_{ik} \tag{4-2}$$

式中,M 表示的是按等成人计算的实际总人口。

进一步调整为观察人均消费的变量为:

$$AMES = \frac{M}{N} = \frac{β_{ik} \cdot n_{ik}}{N} = β_{ik} \frac{n_{ik}}{N} \tag{4-3}$$

AMES(Adult Male Equivalent Scale),指等成人消费的结构指数。对一个国家来说,该指数显示了其人口结构变迁过程中,以热量需求计算的国家平均的消费水平,该指数增加或是降低,则该国家人均热量需求也会发生增减,且增减幅度一致。

根据我国历年分年龄性别的人口比重及其消费权数就可以计算出该年份的平均消费权数。该权数的变化趋势取决于其各年龄段人口比重的变化,因此不仅仅能够衡量出一个国家人口结构调整导致的热量需求变化趋势,同时也能够运用到实际计算当中。就此根据我国人口统计年鉴数据,绘制出 1986~2007 年我国总的等标准人消费指数变化图(见图 4-3)。从图 4-3 可以看出:从整体的变化趋势来看,根据人口结构变化,计算的标准成人热量需求的平均指数在 1989~1998 年经历较快增长;虽然随后出现上下波动,但基本上都低于 1998 年时的最高水平。

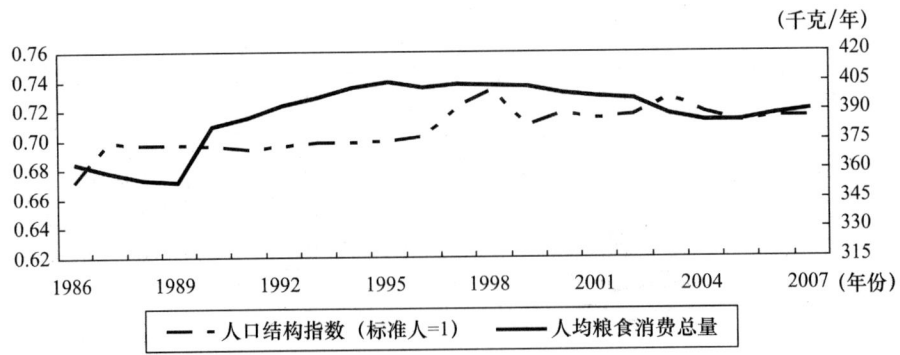

图 4-3 1986~2007 年我国人均粮食消费和人口结构状况

注:人均粮食消费总量 =(谷物产量 + 谷物进口量 - 谷物出口量 - 谷物库存量)/0.85/当年总人口。
资料来源:历年《中国人口统计年鉴》;FAO 食物平衡表(历年)。

理论上可以得出：我国人均的热量需求水平经历了一个不断上升，随后增速放缓甚至出现下降的过程。

同时我们也绘制出了对应年份的人均粮食消费总量。如图4-3中实线所示，在过去20多年里，随着我国人均收入水平的提高，我国人均的粮食消费水平也在不断上涨。但自90年代末期，人均粮食消费水平增长的趋势放缓。对照我国历年总的人均标准消费权数来看，这种放缓的趋势同我国的人口结构变化是一致的。为进一步证实人口结构对粮食消费的影响，在接下来的一节中，我们利用微观数据对此进行实证分析。

4.2 人口结构对热量消费的实证分析

4.2.1 实证模型

由于我国粮食消费数据计算存在一定的难度，且人口和消费的时间数据少。因此本书采用CHNS的住户调查统计数据，一方面其提供了大量的家庭成员个体信息以及食物、热量的消费数据；另一方面结合面板和截面数据的信息，数据信息量大。

在传统的粮食消费研究中，观察人均粮食消费影响的因素有人均收入水平、粮食价格等。结合本书的微观数据，对应模型中的家庭人均粮食需求差异主要是由家庭内人均的收入水平、粮食相对价格以及地区消费习惯造成的。故具体实证模型如下：

方程1：

$$\ln EI_{ij} = a_0 + a_1 \ln y_{ij} + a_2 \ln p_{ij} + a_3 \ln y \times D_{inc \cdot ij} + a_4 D_{pro \cdot ij} + a_5 \ln p_{ij} \times D_{inc \cdot ij} \quad (4-4)$$

式中，EI_{ij}表示j年家庭i中人均的粮食消费量（本书以热量摄入量替代粮食消费量）；Y_{ij}表示j年家庭i中人均的实际收入水平；P_j表示j年食品的相对价格；$\ln p \times D_{inc \cdot ij}$为收入虚拟变量和食品相对价格的交互项；$\ln y \times D_{inc \cdot ij}$表示家庭人均收入分组的虚拟变量；$D_{pro \cdot ij}$表示家庭所在地区的虚拟变量。

由于在人口结构相同的家庭内，其由于家庭收入差异也会导致家庭粮食需求存在差异，故而增加了收入组和人口结构变量的交互项。然而，考虑到家庭内的人口结构也会影响其粮食需求能力，需对传统的食品消费模型进行修正。无论收入、价格等增长有多快，人体因生理因素导致的粮食需求都存在，因此应将家庭人口结构的变量作为独立的解释变量加入到传统的需求方程中。具体的修正模型如下：

方程 2：

$\ln EI_{ij} = a_0 + a_1 \ln y_{ij} + a_2 \ln p_{ij} + a_3 \ln y \times D_{inc \cdot ij} + a_4 D_{pro \cdot ij} + a_5 \ln p_{ij} \times D_{inc \cdot ij} + a_6 \ln AMES$ (4-5)

式中，$AMES_{ij}$ 表示家庭 i 在 j 年时家庭内以人口结构为基础的人均粮食消费综合指数，该变量利用家庭成员的年龄性别信息和各年龄性别人口的标准人均消费权数计算而得。具体的计算公式如下：

$$AMES = \sum_{k=1}^{n} \beta_k \times \frac{age_k}{n}$$ (4-6)

式中，age_k 表示该家庭中依年龄和性别划分在 k 组中的人数；β_k 表示依年龄和性别划分在 k 组对应的标准成人消费权数；n 为家庭的总人口数。

根据传统的经济学理论可以知道，人均收入水平的提高对人均热量摄入具有正向影响，而食品相对价格的提高对热量的消费具有反向作用。以家庭的人口结构为基础计算出的家庭总消费权数最大值为 1，该指数增加就意味着家庭内热量需求较高人口比重的增加，进而导致家庭人均总的粮食需求增长。故而，该家庭的等成人消费权数与人均的粮食需求之间存在正向相关关系。本书中解释变量和被解释变量的定义以及预期方向具体如表 4-2 所示。

表 4-2 相关变量的定义和预期方向

变量	定义	预期方向
EI	家庭人均日热量摄入量（千卡/日）	
y	家庭人均年收入（元）（按 2009 年 CPI 进行调整）	+
p	食品相对价格指数（1988 年 = 100）	-
AMES	家庭人均有效粮食消费综合指数	+
收入组虚拟变量 D_{inc}	1 = （<800）	
	2 = （≥800 & <1500）	
	3 = （≥1500 & <3000）	
	4 = （≥3000 & <5000）	
	5 = （>5000）	
地区虚拟变量 D_{pro}	21 = 辽宁（参照组）	
	23 = 黑龙江	
	32 = 江苏	
	37 = 山东	
	41 = 河南	

续表

变量	定义	预期方向
地区虚拟变量 D_{pro}	42 = 湖北	
	43 = 湖南	
	45 = 广西	
	52 = 贵州	

资料来源：历次《中国营养健康调查》。

4.2.2 数据来源

本书数据来自 CHNS 最新的时间序列数据库。该调查是由北卡罗来纳大学人口研究中心、美国国家营养与食物安全研究所和中国疾病与预防控制中心合作开展的调查项目。该调查旨在检验健康、营养和计划生育政策的影响以及研究中国社会经济的转变如何作用于整个人口健康和营养状况。到目前为止，该调查一共进行了8次，年份分别为 1989 年、1991 年、1993 年、1997 年、2000 年、2004 年、2006 年、2009 年。该调查采用多阶段整群抽样的方法，其中有几年因为一些原因，调查的省份发生了变化，2009 年的调查范围涉及辽宁、黑龙江、江苏、山东、河南、湖北、湖南、广西和贵州 9 个省（自治区），调查内容涉及住户、营养、健康、成人、儿童、社区等。

CHNS 的膳食营养调查含家庭和个人两部分。该部分调查采用国外医学研究最常用的 3 日—24 小时膳食回顾法进行膳食调查。由于膳食消费会受到消费习惯和消费结构的影响，3 日的消费数据能够捕捉到该家庭的消费习惯和消费结构数据的同时，也通过 24 小时回顾将在外就餐的情况记录下来。即使存在数据调查的误差，有理由相信属于系统误差，不影响我们的研究结果。

CHNS 的数据库提供了整理好的家庭和个人的食物消费数据，如个人消费的食物以及 3 日平均的热量、蛋白质和脂肪的摄入数据。本书主要使用的是个人的营养摄入数据，并根据数据合并个人的年龄、性别和职业等信息；而家庭人均收入则源自数据库中家庭收入数据库，并根据 2009 年的 CPI 进行调整。本书中食物的相对价格数据来自中国统计年鉴各省历年的粮食消费数据并根据对应年份的 CPI 数据调整而得。

1. 数据处理

根据本书的目标，所有调查个体样本依据其所在的家庭进行保留。原则上会保留所有的户的食物和营养消费数据、家庭人均收入数据和家庭内各成员的年龄、性别等特征数据。但由于 1989 年的营养调查数据仅调查 20～45 岁和学前儿童,存在样本选择的偏误。因此根据研究的主要目标,实证模型中数据采用的是 1991~2009 年 7 次的数据。在样本数据处理上,以家庭为单位,确定家庭内成员的年龄性别、日均热量摄入信息齐全,删掉有家庭内成员信息缺失的家庭。

最终整理的数据是以户为单位的混合数据。据统计,7 次调查具有完整家庭及对应各成员信息的样本为 20854 户,涉及 63237 人。从户参与调查的持续时间上看,实际调查 6326 户,户均调查 3.3 次。因此在具体实证中以混合面板数据分别进行处理。从时间上看,历年的调查户分别为 3131 户、3046 户、3363 户、3775 户、2666 户、2343 户、2530 户;户均人口分别为 3.48 人、3.54 人、3.22 人、2.96 人、2.65 人、2.56 人、2.57 人。

据统计,本次调查家庭人均热量摄入量为 2280.08 千卡/日,组内、组间标准差分别为 645.65、614.17;人均收入水平为 6373.12 元/年,组内、组间标准差分别为 6276.5、8527.4;家庭总的人口结构消费指数为 0.7140,组内、组间标准差分别为 0.0502、0.0643(见表 4-3)。其中食品相对价格是根据中国统计年鉴各省历年的食品价格指数平减对应商品零售价格得来的。

表 4-3 解释变量的描述统计

变量		均值	方差	最小值	最大值	
人均热量摄入 (千卡/日)	超过	2280.08	831.47	70.68	49302.2	N = 20854
	之间		614.17	703.43	20862.5	n = 6326
	不足		645.65	-16255.9	40440.05	T-bar = 3.3
家庭人均 收入(元/年)	超过	6373.12	8985.11	1.552	285090.2	N = 20854
	之间		8527.41	25.543	285090.2	n = 6326
	不足		6276.49	-52349.8	227261.3	T-bar = 3.3
食品相对价格 (1988 年 = 100)	超过	126.38	23.33	96.81	182.82	N = 20854
	之间		19.17	96.81	182.82	n = 6326
	不足		18.32	83.32	180.60	T-bar = 3.3
等成人消费 综合指数 (AMES)	超过	0.7140	0.0774	0.398	1	N = 20854
	之间		0.0643	0.398	0.933	n = 6326
	不足		0.0502	0.428	0.944	T-bar = 3.3

资料来源:由 CHNS 历年数据整理而得。

2. 样本统计性描述

经整理,样本总家庭为 20854 户,分布在 9 个省,其中山东省样本最多,有 2577 户;最少的黑龙江省有 1964 户(见表 4-4)。从人均日热量消费来看,江苏省、湖南省、湖北省的人均水平最高，广西壮族自治区的人均热量消费较低。人均热量消费的差异一方面同当地的营养条件水平相关，另一方面同当地的饮食习惯也相关。从人均收入的角度看经济发展，江苏省以及我国东北部地区的人均收入水平要高于广西壮族自治区和贵州省。

表4-4 分省分年份的各变量统计

省份	样本数	人均热量消费（千卡/日）		家庭人均收入（元/年）		等消费指数		食品相对价格（1988年=100）	
		Mean	S.D	Mean	S.D	Mean	S.D	Mean	S.D
辽宁	2060	2234.51	633.64	7938.89	9404.25	0.7163	0.07	125.97	25.65
黑龙江	1964	2124.17	1239.8	8109.07	10252.2	0.7312	0.07	127.02	13.85
江苏	2550	2359.72	699.03	8277.67	8681.11	0.7101	0.08	127.69	24.41
山东	2577	2265.01	900.52	6919.10	12090.9	0.7096	0.08	124.53	24.47
河南	2372	2296.92	779.83	5102.15	7214.20	0.7110	0.08	128.78	24.75
湖北	2352	2356.02	674.29	5361.62	8703.01	0.7138	0.08	125.38	24.26
湖南	2321	2360.75	720.62	6470.73	9679.13	0.7204	0.08	127.99	22.63
广西	2300	2140.84	953.10	4661.69	5484.17	0.7077	0.08	120.78	20.61
贵州	2358	2343.86	737.42	4764.17	6459.49	0.7093	0.08	129.31	24.58
年份									
1991	3131	2515.23	651.32	2872.67	2116.83	0.7187	0.07	98.12	0.94
1993	3046	2423.72	684.72	3274.68	2813.63	0.7100	0.07	102.15	2.48
1997	3363	2234.51	601.60	4097.68	3405.87	0.7211	0.07	125.58	4.82
2000	3775	2283.16	1013.4	5333.41	5390.56	0.7269	0.07	120.73	5.17
2004	2666	2186.52	708.80	8126.46	8033.67	0.7107	0.08	138.41	5.44
2006	2343	2101.84	1000.7	9960.61	12687.0	0.7026	0.08	142.50	6.22
2009	2530	2135.79	992.44	13841.20	16387.9	0.6982	0.08	172.46	8.87

资料来源：由CHNS数据整理而得。

从个体样本的人口结构来看，经整理后的20854户63237人中男性31231人，占总样本的49.39%；女性32006人，占总样本的50.61%。年龄小于14岁人口的比重从1991年的21.14%下降到了2009年的8.37%；年龄为65岁及以上人口的比重从1991年的7.31%上升到2009年的20.27%。历年的户均人口结构消费指数依次为：0.719、0.711、0.723、0.732、0.722、0.715、0.712，经历了一个先上升而后下降的过程。同我国人口结构变化趋势基本一致

· 43 ·

(见表4-6)。

从时间上看(见表4-5),该调查的历年人均热量消费水平不断下降,从1991年的2514.83千卡/日下降到2009年的2136.60千卡/日。而在对应时间内,家庭人均收入水平(以2009年的消费价格指数进行调整)从1991年的2869.92元/年上升到2009年的13684.35元/年。如果仅从历年的收入增长和热量摄入情况来看,似乎同传统的收入和食品需求之间正向关系相矛盾。但是从不同收入组的人均热量摄入情况来看,在低收入水平阶段,收入增长的确会提高人均的热量需求水平。但随着收入增长的加快,收入作用变小。这同恩格尔定理一致,且也有大量的实证研究表明:收入对食品消费的作用会随着收入不断增加而逐渐变小。

表4-5 按收入组和年份划分的人均日热量摄入

收入组 (元/年)	样本数	人均日热量 摄入 (千卡/日/人)	年份	样本数	人均年收入 (元/年)	人均日热量 摄入 (千卡/日/人)
1 (<800)	1390	2251.42	1991	3131	2869.92	2514.83
2 (≥800&<1500)	2078	2367.20	1993	3046	3269.55	2424.44
3 (≥1500&<3000)	4529	2314.46	1997	3363	4077.07	2236.83
4 (≥3000&<5000)	4508	2294.12	2000	3775	5285.81	2284.22
5 (>5000)	8349	2236.95	2004	2666	8021.16	2183.02
			2006	2343	9834.69	2100.85
			2009	2530	13684.35	2136.60

资料来源:由CHNS数据整理而得。

虽然人均日热量消费数据显示随时间推进不断下降的趋势,但是样本中居民的消费水平并未降低。一方面,人均肉类、水果、水产品和蔬菜等的消费都是呈上升趋势的;另一方面,由于畜产品单位重量的热量供应量低于谷物,因此同直接吸收粮食产品相比,肉类、水产品等在提供营养的同时,降低热量的过多摄入。

表4-7显示了1989~2004年CHNS调查中18~45岁成年人分类型的食物消费情况。该表显示:居民口粮消费均呈下降趋势,如大米、小麦以及薯类等,据统计,样本1989年的谷物总日消费量为591克,而到2004年则下降到463克。而从城乡的消费情况比较可以看到,农村居民的口粮(大米、小麦)消费仍高于城镇居民的口粮消费;而其他谷物的消费数据显示,农村居民的杂粮消费下降

第4章 人口结构对粮食需求影响的实证分析

表4-6 所有样本的年龄、性别、收入统计

年份	1991		1993		1997		2000		2004		2006		2009		总计	
	n	%	n	%	n	%	n	%	n	%	n	%	n	%	n	%
1（男）	5310	48.71	5291	49.03	5371	49.65	5555	49.75	3493	49.36	2976	49.71	3235	49.80	31231	49.39
2（女）	5592	51.29	5501	50.97	5447	50.35	5610	50.25	3584	50.64	3011	50.29	3261	50.20	32006	50.61
年龄分组																
≤14	2305	21.14	2499	23.16	2103	19.44	1844	16.52	727	10.27	544	9.09	544	8.37	10566	16.71
[15, 29]	2875	26.37	2441	22.62	2253	20.83	2030	18.18	1055	14.91	732	12.23	737	11.35	12123	19.17
[30, 64]	4925	45.18	4989	46.23	5460	50.47	6148	55.06	4086	57.74	3548	59.26	3898	60.01	33054	52.27
(≥65)	797	7.31	863	8.00	1002	9.26	1143	10.24	1209	17.08	1163	19.43	1317	20.27	7494	11.85
收入组																
1（<800）	1124	10.31	1024	9.49	735	6.79	741	6.64	331	4.68	220	3.67	200	3.08	4375	6.92
2（≥800&<1500）	1994	18.29	2036	18.87	1210	11.19	1090	9.76	420	5.93	287	4.79	142	2.19	7179	11.35
3（≥1500&<3000）	3791	34.77	3483	32.27	3138	29.01	2409	21.58	1021	14.43	833	13.91	393	6.05	15068	23.83
4（≥3000&<5000）	2802	25.70	2388	22.13	2932	27.10	2638	23.63	1430	20.21	970	16.20	746	11.48	13906	21.99
5（>5000）	1191	10.92	1861	17.24	2803	25.91	4287	38.40	3875	54.75	3677	61.42	5015	77.20	22709	35.91
户数	3131		3046		3363		3775		2666		2343		2530		20854	
总人数	10902		10792		10818		11165		7077		5987		6496		63237	
户均人数	3.48		3.54		3.22		2.96		2.65		2.56		2.57		3.03	

资料来源：中国营养健康调查（CHNS）：1991~2009年数据经整理而得（www.cpc.unc.edu/projections/china）。

表 4-7 1989~2004 年 18~45 岁人均日食品消费量

单位：克/日

年份	总样本							农村							城市						
	1989	1991	1993	1997	2000	2004		1989	1991	1993	1997	2000	2004		1989	1991	1993	1997	2000	2004
大米	348	337	320	297	274	280		362	338	335	312	290	295		316	336	284	262	237	243
小麦	190	196	199	181	152	167		193	196	211	193	154	173		183	194	169	153	146	152
其他谷物	53	35	32	28	20	16		86	37	39	34	22	18		15	29	12	12	14	13
红薯	139	94	89	83	73	42		174	95	98	91	78	47		88	91	66	67	70	29
豆类及其制品	23	21	20	19	19	50		23	21	21	19	19	43		22	21	19	19	19	68
蔬菜	296	278	284	280	267	359		314	302	303	292	277	377		242	238	234	239	262	313
水果	14	9	12	10	12	29		14	8	11	6	8	25		14	12	16	20	22	38
猪肉	52	59	62	60	69	62		44	59	52	49	60	54		71	59	89	86	91	80
猪肉制品	5	5	7	9	9	15		4	5	6	6	6	11		7	6	12	16	15	25
禽肉	7	7	9	12	14	15		4	7	6	10	12	13		12	7	14	17	19	19
牛奶及其制品	2	4	3	3	6	12		1	2	1	1	2	6		5	5	7	9	17	25
鸡蛋及其制品	11	14	15	24	26	26		9	13	12	20	23	23		16	15	22	33	32	33
鱼类	24	21	22	28	26	30		22	21	20	25	25	28		27	22	28	35	30	35
植物油	32	22	22	31	30	33		30	22	21	30	30	32		37	22	26	34	30	36
动物脂肪	18	13	10	10	12	6		19	14	11	10	12	7		15	12	9	9	12	4
蛋糕	1	2	2	3	2	6		1	3	1	2	1	6		2	1	4	5	5	8
糖	8	5	5	6	6	5		8	5	4	6	6	5		8	4	7	8	6	4
盐	19	16	14	13	13	10		21	16	14	13	13	10		16	16	13	14	14	9
豆油	26	14	12	16	15	9		22	13	12	17	15	10		32	12	13	14	14	8
其他食物	13	12	12	14	14	36		13	12	11	12	13	36		14	12	15	19	16	36

资料来源：Fengying Zhai et al. 2009. Nutrition Review.

很快，而城镇居民的消费总量变化不大。这很可能同我国城镇居民粮食消费品种的多样化有关。

总样本显示蔬菜消费呈上升趋势，且农村居民消费的平均水平要高于城镇居民。数据显示，农村居民蔬菜日消费于1989年的消费量达314克，而城镇居民消费最高的时期也只有313克。奶制品消费在过去的近20年里增长很快，增长了近6倍。虽然农村居民奶制品消费的增长速度要快于城市居民，但是城市居民奶制品消费水平仍然高于农村居民。

猪肉、禽肉以及其他肉类的消费随着收入的提高呈明显的上升态势，且农村居民消费增长的速度要高于城镇居民。总样本的人均日肉产品总消费量从1989年的64克增长到2004年的92克。其中，城市居民从日消费90克上升到日消费124克，增长了36%；农村居民的消费水平则对应地从日消费52克上升到日消费78克，增长了近54%。

4.2.3 实证结果

由于本书使用的是混合数据，我们分别以混合回归和非平衡面板数据进行处理。最终的回归结果如表4-8所示。表中模型1、模型2的回归结果分别代表模型1和模型2的实证结果。由于该数据有截面，也有面板数据，我们将两个结果放在一起做个对照。

从结果看，无论是混合数据还是非平衡的面板数据，人均收入、食品相对价格和人口结构消费总指数这些解释变量均在99%的水平上显著。在进行稳健性检验过程中，同一家庭在不同的年份间并未出现地区性的迁移，因此非平衡面板数据中省级虚拟变量的系数不存在。同时比较混合数据和面板数据结果可以看到，各解释变量的回归系数差异不大。且由于非平衡面板数据会因部分样本的非随机性缺失，导致回归效率损失，故随后的分析均以混合数据结果为准。

根据混合数据回归模型1和模型2的回归结果，各解释变量的回归系数未发生变化，稳健性回归结果中各系数的标准差有所提高，模型不存在异方差的问题。从其回归的结果来看，无论是否考虑人口结构变化，收入对人均热量需求具有正向影响，且弹性系数分别为0.0454、0.0422。弹性系数小表明在现阶段，人均收入的增长对热量需求变化的作用很小。且考虑人口结构，调整方程后的收入弹性会变小。价格弹性系数敏感，模型1和模型2中热量的价格弹性分别为-0.396和-0.342。这意味着在中国，食物价格的变化对我国居民的热量营养摄入具有较强的影响。且价格每提高1%，对应的人均热量摄入就会降低0.396%。模型1和模型2的价格弹性系数比较，在考虑人口结构的情况下，价格弹性有所变小。

调查数据的省级虚拟变量系数几乎都在99%的水平上显著,表明各地区的食品消费结构存在差异,且对其家庭人均热量需求产生影响。省级虚拟变量的回归系数表明:①南方地区(江苏省、河南省、湖南省、湖北省和贵州省)的人均热量消费是要高于辽宁省的;②地区间的人均热量消费的绝对差异并不大。

从收入分组的虚拟变量的回归系数来看,随着收入水平的提高收入弹性会不断变小,符合恩格尔定律。同时,收入组和食品相对价格的交互项系数均为正,且随着收入的提高该系数也在增大。这一结果表明对于不同的收入阶段的人口而言,食品价格增长对其食物消费量的影响存在差异,且收入水平越高,则价格对其消费的负向影响也就越弱。从这一点来看,由价格上涨导致的粮食危机,其最终还是可以归结为收入问题。

表4-8 回归结果

	混合数据结果		面板数据结果	
	(1)	(2)	(1)	(2)
	lnEI	lnEI	lnEI	lnEI
lny	0.0454***	0.0422***	0.0412***	0.0390***
	(5.14)	(4.90)	(4.78)	(4.62)
lnp	-0.396***	-0.342***	-0.394***	-0.343***
	(-21.80)	(-19.26)	(-22.26)	(-19.71)
lnAMES		0.594***		0.578***
		(33.95)		(31.63)
Inc_2×lny	0.0753**	0.0760**	0.0687**	0.0758**
	(3.07)	(3.18)	(2.87)	(3.23)
Inc_3×lny	0.00316	-0.00413	0.00755	0.00211
	(0.18)	(-0.25)	(0.45)	(0.13)
Inc_4×lny	-0.0484**	-0.0498**	-0.0337	-0.0368*
	(-2.67)	(-2.83)	(-1.90)	(-2.12)
Inc_5×lny	-0.0309**	-0.0280**	-0.0242*	-0.0227*
	(-2.88)	(-2.68)	(-2.29)	(-2.19)
Inc_2×lnp	-0.116**	-0.118***	-0.106**	-0.117***
	(-3.23)	(-3.38)	(-3.04)	(-3.43)
Inc_3×lnp	-0.0155	-0.00600	-0.0215	-0.0148
	(-0.59)	(-0.23)	(-0.84)	(-0.58)

续表

	混合数据结果		面板数据结果	
	(1)	(2)	(1)	(2)
	lnEI	lnEI	lnEI	lnEI
Inc_4×lnp	0.0700*	0.0690*	0.0464	0.0485
	(2.36)	(2.39)	(1.60)	(1.70)
Inc_5×lnp	0.0401*	0.0308*	0.0306	0.0238
	(2.51)	(1.98)	(1.94)	(1.54)
T1=23	-0.0510***	-0.0651***	-0.0497***	-0.0634***
	(-5.54)	(-7.25)	(-4.67)	(-6.21)
T1=32	0.0600***	0.0655***	0.0544***	0.0613***
	(6.95)	(7.79)	(5.36)	(6.32)
T1=37	0.00394	0.00928	0.00207	0.00793
	(0.46)	(1.11)	(0.20)	(0.82)
T1=41	0.0406***	0.0392***	0.0407***	0.0400***
	(4.57)	(4.54)	(3.91)	(4.02)
T1=42	0.0577***	0.0571***	0.0588***	0.0584***
	(6.53)	(6.64)	(5.61)	(5.83)
T1=43	0.0586***	0.0527***	0.0599***	0.0546***
	(6.62)	(6.12)	(5.72)	(5.45)
T1=45	-0.0472***	-0.0407***	-0.0471***	-0.0400***
	(-5.31)	(-4.70)	(-4.53)	(-4.02)
T1=52	0.0570***	0.0580***	0.0569***	0.0575***
	(6.40)	(6.69)	(5.48)	(5.78)
_cons	9.260***	9.244***	9.278***	9.262***
	(123.02)	(126.16)	(126.03)	(128.53)
N	20854	20854	20854	20854
R^2	0.0616	0.1108		
		R^2		
		超过	0.0528	0.0794
		之间	0.0688	0.1362
		不足	0.0614	0.1106
		sigma_u	0.11261	0.10189
		sigma_e	0.26845	0.26461
		rho	0.14964	0.12912

注：Dependent variable is per capita energy in-taking at household level in log form. Numbers in parentheses are t-values; * $p<0.05$, ** $p<0.01$, *** $p<0.001$.

有意思的是，家庭人口结构，即家庭总的等成人消费指数不仅仅在统计学的99%的水平上显著，且同不考虑人口构成的模型结果相比，传统的经济因素如收入、价格的回归系数虽然都有所变小，但是差异不大。这表明人口结构对粮食需求的影响是独立于经济因素的。

且该人口结构消费指数的弹性系数为 0.594，即意味着人口结构消费指数每提高 1% 会导致人均热量需求提高 0.594%。这一结果不仅证实了人口结构对热量消费的影响，同时表明 FAO/WHO 有关不同年龄性别人口的热量摄入的研究结果可以作为一种粮食消费基础的参考工具，并运用到实践当中。这为以后进一步观察人口结构营养摄入提供了新的视角。

4.3 人口结构影响食品消费的实证分析

4.3.1 数据介绍

本书数据来自国家统计局城镇住户调查家庭户微观数据。按省、市和县人口规模大小，随机抽取国家统计局 6 万户大样本数据中近 1/6 子样本。目前有 2003 年、2005 年、2007 年和 2009 年 4 次抽样调查。在数据内容上，每个被调查家庭采用月记账的方式，详细记录家庭内各项食品消费和支出的数量和金额。这对我们研究居民的食品消费构成、食品消费状况等提供了详细的资料。

总的来说，我国城镇居民的食品消费水平在不断提高。虽然 2003~2009 年，我国各类食品价格呈快速上涨的趋势，且平均增长幅度超过了 50%；但是各类食品总的消费量均呈上涨的态势。例如，人均口粮消费量从 2003 年的 82.32 千克/年上升到了 2009 年的 86.11 千克/年，猪、牛、羊肉等畜产品消费也分别从 18.65 千克/年、2.08 千克/年、8.13 千克/年上升到了 19.62 千克/年、2.86 千克/年、2.11 千克/年。这期间，我国居民的家庭规模呈下降的趋势，从 2003 年的 3.03 人下降到 2009 年的 2.94 人。而以等标准人核算的家庭规模则从 2.22 人下降到 2.14 人。不同测算标准下的人口规模下降幅度分别为 2.97%、3.6%。换句话说，按照等成人标准进行核算，家庭规模变化幅度更大，这也意味着社会老龄化程度的加深。

4.3.2 实证结果

总体而言，2003~2009 年我国居民各类食品消费均呈增长态势。收入、价格仍是影响我国居民食品消费的重要因素。为消除异方差对估计结果可能造成的

第4章 人口结构对粮食需求影响的实证分析

表4-9 样本统计

变量	2003 年		2005 年		2007 年		2009 年	
	均值	标准差	均值	标准差	均值	标准差	均值	标准差
人均可支配收入的对数	9.87	0.62	10.01	0.64	10.24	0.59	10.39	0.62
家庭规模	3.03	0.80	2.99	0.85	2.96	0.89	2.94	0.92
等标准人的家庭规模	2.22	0.61	2.18	0.64	2.17	0.69	2.14	0.71
人均消费量（千克/年）								
粮食	82.32	57.16	80.56	55.10	82.18	51.52	86.11	55.30
淀粉和薯类	10.51	12.79	13.71	17.90	11.87	13.15	10.93	13.25
猪肉	18.65	14.91	18.35	14.86	17.42	13.42	19.62	14.82
牛肉	2.08	3.74	2.44	3.89	3.14	5.60	2.86	4.79
羊肉	2.10	4.59	2.33	5.27	2.08	4.72	2.11	4.84
禽肉	8.13	7.99	8.03	8.08	9.13	8.58	9.98	9.17
蛋类	11.66	9.36	10.78	11.27	10.80	7.96	11.28	9.05
平均价格（元/千克）								
粮食	2.64	1.03	3.31	1.08	3.69	1.09	4.26	1.62
淀粉和薯类	2.27	1.55	2.25	1.24	2.93	1.40	3.59	1.71
猪肉	11.15	1.81	13.96	2.29	18.64	2.73	20.44	3.05
牛肉	15.52	3.29	17.50	4.25	21.82	4.88	31.10	6.69
羊肉	15.84	4.05	17.53	4.69	23.12	5.82	30.75	7.42
禽肉	12.91	3.70	15.12	4.19	18.08	4.45	19.94	5.42
蛋类	5.36	1.48	6.78	1.73	8.12	2.04	8.60	2.39

影响，我们采用了WLS估计。表4-10中的实证结果表明：收入和价格对各类食品的弹性均在1%的水平上统计显著。有意思的是，相较肉产品，谷物和蛋类产品的价格弹性均大于1，这意味着相较肉类，谷物类产品价格下跌，会让居民消费增长更多；反之，肉类价格下降得越多，居民消费增长的幅度也没有谷物类增加得多。由此可见，中国居民对谷物类消费的倾向还是非常高的。虽然口粮消费在人们日常消费中的比重在下降，但是让谷物彻底退出中国人的餐桌，逐渐向西方人以肉类消费为主的饮食习惯靠拢也绝非一朝一夕。事实上，2000年之后我国城乡居民的肉类消费量增长速度已经开始放缓，年均增幅分别只有1.5%、1.6%。肉类消费的放缓预示着食品消费结构变化对我国粮食需求的作用程度也

在减弱①。

表4-10 实证分析结果

	粮食	淀粉及薯类	猪肉	牛肉	羊肉	禽肉	蛋类
	WLS	WLS	WLS	WLS	WLS	WLS	WLS
lnAMES	0.538***	0.242***	0.467***	0.411***	0.269***	0.167***	0.0786***
	(-51.31)	(-13.97)	(-32.3)	(-18.84)	(-10.81)	(-10.97)	(-6.52)
LnY	0.396***	0.386***	0.395***	0.247***	0.191***	0.474***	0.427***
	(-31.88)	(-18.49)	(-23.12)	(-9.02)	(-5.95)	(-23.7)	(-27.41)
LnP	-1.348***	-1.378***	-0.0271	-0.402***	-0.731***	-0.373***	-1.277***
	(-100.79)	(-117.13)	(-1.05)	(-14.34)	(-25.40)	(-19.28)	(-77.25)
2005	0.282***	0.323***	-0.0642***	0.155***	0.0513*	-0.0287*	0.162***
	(-30.88)	(-22.99)	(-4.98)	(-8.28)	(-2.38)	(-2.06)	(-14.08)
2007	0.384***	0.541***	-0.171***	0.340***	-0.0532*	0.134***	0.393***
	(-39.47)	(-36.51)	(-9.67)	(-16.46)	(-2.23)	(-8.85)	(-30.4)
2009	0.583***	0.690***	-0.0873***	0.376***	0.164***	0.181***	0.436***
	(-54.23)	(-43.43)	(-4.47)	(-13.96)	(-5.68)	(-11.24)	(-32.13)
中部	0.0310***	-0.152***	-0.0319**	-0.0875***	-0.302***	-0.178***	0.0512***
	(-3.39)	(-10.15)	(-2.59)	(-4.57)	(-13.62)	(-12.49)	(-4.55)
东北	0.0702***	0.167***	-0.222***	0.528***	0.227***	-0.586	0.0529***
	(-6.01)	(-8.81)	(-13.96)	(-23.13)	(-8.84)	(-32.87)	(-3.72)
西部	0.0444***	-0.0119	-0.192***	0.305***	0.618***	-0.235***	-0.274***
	(-6.03)	(-0.95)	(-18.10)	(-19.19)	(-33.22)	(-19.88)	(-29.26)
收入分组虚拟变量							
中低收入20%	-0.063***	-0.0706***	0.0315	0.115***	0.100***	0.0538**	-0.0139
	(-5.06)	(-3.46)	(-1.85)	(-4.34)	(-3.29)	(-2.78)	(-0.91)
中等收入20%	-0.152***	-0.152***	-0.0302	0.0986**	0.119**	0.0225	-0.0983***
	(-10.11)	(-6.12)	(-1.46)	(-3.06)	(-3.2)	(-0.95)	(-5.23)
中高收入20%	-0.247***	-0.219***	-0.0974***	0.116**	0.139**	-0.0283	-0.205***
	(-13.70)	(-7.26)	(-3.93)	(-2.99)	(-3.07)	(-0.98)	(-8.99)
高等收入20%	-0.336***	-0.296***	-0.250***	0.082	0.143*	-0.178***	-0.377***
	(-13.96)	(-7.35)	(-7.54)	(-1.57)	(-2.36)	(-4.64)	(-12.46)

---

① 《中国统计年鉴（2013）》数据显示：1995~1999年，我国城乡居民肉类消费的年均增幅分别达到了1.73%、6%。要高于2000年之后的肉类消费增速。

第4章　人口结构对粮食需求影响的实证分析

续表

	粮食	淀粉及薯类	猪肉	牛肉	羊肉	禽肉	蛋类
	WLS	WLS	WLS	WLS	WLS	WLS	WLS
常数项	2.237***	-0.0803	-0.342*	-0.467	1.093***	-0.928***	1.217***
	(-19.48)	(-0.41)	(-2.04)	(-1.77)	(-3.56)	(-4.93)	(-8.34)
R^2	0.287	0.298	0.096	0.071	0.125	0.111	0.205
N	39797	37912	38817	32304	27539	38898	39429

注：括号内是回归系数的 t 检验；*、**和***分别表示在5%、10%和1%的水平上显著。

不同地区人们的食品消费结构有很大的差别。从地区虚拟变量可以看出，东北和西部地区居民猪肉和禽类消费明显低于东部和中部地区，他们消费的牛羊肉相对较多。同东部地区的居民相比，东北地区居民的牛肉消费量增长幅度要高52.8%，而西部地区居民羊肉的消费增长幅度更高出61.8%。最低收入组的7类各类食品的收入弹性在0.19~0.45。相较谷物类粮食消费和猪肉等的消费，低收入家庭的牛羊肉的收入弹性最低，在0.2左右。随着收入水平的提高，人们对牛羊肉的需求也在不断提高，而猪肉和禽肉的消费则相对减少。依据收入升序进行分组排序，猪肉收入弹性分别为0.395、0.427、0.365、0.298和0.145；而牛肉的收入弹性则依次变化为0.247、0.364、0.338、0.363和0.329；羊肉的收入弹性为0.191、0.291、0.310、0.330和0.334；禽肉的收入弹性变化为0.474、0.528、0.497、0.446和0.296。从不同收入组的食品消费结构来看，猪肉和禽肉仍是主要肉类食物；而从收入弹性看，牛羊肉的消费呈伴随收入水平增长的态势。随着我国居民收入水平的进一步提高，未来猪和禽类消费量的增长速度趋于放缓，但牛羊肉的需求增量将会呈现加速态势。

根据不同年龄性别人口的人均日热量需求折算的家庭等成人消费指数我们看到，人口结构变化的确会对家庭的食物消费产生影响，且人口结构指数的回归系数都在1%水平上统计显著。人均日热量摄入需求随着青壮年人口比重的提高而增加，相应地，食品需求也随之增加。反过来也一样，随着人口老龄化，青年人口比重下降，人均热量摄入量和粮食消费量也相应下降。

在收入价格等条件一定的情况下，不同年龄人群对于不同食品的消费偏好也有差异。这就意味着，人口结构变化对不同食品的影响程度也有差异。从实证的结果来看，人口结构变化对口粮（大米和小麦）、猪肉和牛肉的影响最大。人口结构系数每提高1个百分点，口粮、猪肉和牛肉的增长幅度分别为0.538个、0.467个和0.411个百分点；而淀粉和薯类、羊肉、禽肉、蛋类的人口结构弹性系数较小，分别为0.242、0.269、0.167、0.0786。食品的人口结构弹性系数大小从另一个层面上说明口粮、猪牛肉是人们最基本的日常食品。现在我国开始调整人口政策,未来我国的人口结构可能出现较大变化。因此,在接下来的小节里,我们进一步测度未来人口的可能变化对粮食需求和安全的影响。

4.4 小结

本章研究表明:价格仍然是影响热量摄入的一个重要因素,由于热量是由各类食物转化而来,这就意味着在中国,人们对食品的价格很敏感。如果食品的相对价格提高1%,则对应的人均食品消费至少会下降0.39%。收入水平对热量摄入的影响作用是很有限的。本书中没有考虑人口作用下的热量收入弹性为0.045%,比调整后的0.04%略大。从这点来看没有考虑人口结构因素作用下的粮食安全分析往往夸大了收入水平的作用。在模型回归结果中,家庭总人口消费权数的弹性系数为0.59,意味着对一个集体或群体而言,其年龄和性别结构会影响人均总的热量摄入水平,进一步反映在对食品需求变化上。

通过直接验证人口结构指数与食品消费量之间的关系可以看到,人口结构变化对口粮(大米和小麦)、猪肉和牛肉的影响最大。人口结构系数每提高1个百分点,口粮、猪肉和牛肉的增长幅度分别为0.538个、0.467个和0.411个百分点;而淀粉和薯类、羊肉、禽肉、蛋类的人口结构弹性系数较小,分别为0.242、0.269、0.167、0.0786。食品的人口结构弹性系数大小从另一个层面上说明口粮、猪牛肉是人们最基本的日常食品。现在我国开始调整人口政策,未来我国的人口结构可能出现较大变化。

由于历史原因和政策因素,中国的人口结构发生了很大的变化。1959~1961年中国少出生了3000多万人,而20世纪70年代末开始的独生子女政策加之生育年龄段人口的非正常减少使中国少出生了近2亿多人。如果没有独生子女政策,则中国的人口金字塔不会有第二个大的缺口,这些失去的人口如果到现在正处于需要大量食品来满足其热量需求的阶段。可以肯定,在这样的情况下,中国的粮食安全要承受更大的考验。

人口结构的改变不是中国特有的现象,在世界范围内,人口结构表现出很大的地域差异。一方面,发达的高收入国家低出生率和低死亡率使人口结构呈老龄化趋势;另一方面,发展中的低收入国家,如非洲国家,较高的出生率和较高的死亡率并存。随着医疗服务卫生的改善,他们很可能经历一个人口膨胀、"金字塔变肥"的过程,届时由于人口结构会对其粮食安全提出更高的要求。

过去所有有关粮食安全的预测主要关注收入增长和人口总量的增长。然而由于人体生理特征导致其对于食品消费的数量在不同年龄阶段和不同性别间存在差异，这就使得简单的收入、人口总量和价格等因素分析往往造成对食品消费理解上的偏误。而本书通过利用不同年龄性别人口所需的热量摄入差异，建立等成人的热量消费指标，验证了人口结构对一个群体的热量消费的影响，进而对未来食品消费的研究提供了一个新的研究视角。不仅如此，由于职业结构的调整，改变了人们对于热量的需求水平，这同样会影响一个国家或地区的食品消费水平。在下一章中，需要进一步对职业与粮食安全的联系进行研究。

第5章 职业结构对热量需求影响的实证分析

在传统的粮食和营养需求研究中,往往关注经济因素,如收入、价格等,该研究思路显然面临挑战。从人体的生理需求能力来讲,其热量消费取决于其性别、年龄以及职业的劳动强度。除了人口老龄化、人口就业结构的调整,部分职业或是岗位的劳动强度变低,同样会导致人均总的热量消耗下降,以此对我国人均收入水平不断提高的同时人均粮食消费量增速放缓,甚至出现下降的情况提供另一种可能的解释。

中国过去快速的经济发展和经济转型,其人口职业结构变化表现出与发展中国家现代化进程一致的变化规律——主要是以工业化为主的非农化进程,农业和工业的发展会相应增加对第三产业的需求,推动与服务相关的商贸、服务等职业的兴盛。据统计,我国三次产业就业比例从1985年的62.6∶20.8∶16.8变为2009年的38.1∶27.8∶34.1(国家统计局),而第二产业不仅劳动强度下降,而且就业比例大幅度转向轻工业。承接第四章人口结构对热量需求影响的实证分析之后,本章进一步分析职业调整对热量摄入需求的影响。

5.1 中国劳动力职业结构特征及发展状况

参与社会分工是人类社会的基本特征。从体力劳动到脑力劳动、从采掘工人到办公室文员、从每天10小时工作制到8小时工作制,这一系列工作方式导致不同行业职业群体的劳动强度存在很大的差异,也使得这些不同工种群体每日所需营养摄入存在很大的差别。行业和职业都可以作为考察现代化社会平均劳动强度的维度,然而产业分类主要侧重经济活动分类,在观察岗位劳动量需求上优势并不突出。而职业分类主要考察该岗位所需的技能和知识水平,这可以成为技术进步下岗位劳动量需求变化的重要指标。因此,本章从我国职业结构变化进行分析。

5.1.1 职业的概念和分类

1. 职业的概念

根据中国职业规划师协会的定义，职业指的是某一行业领域内的职能。职业强调社会分工，强调职业所需要的专门性知识和技能。人们也是根据自己所在职业获取合理报酬，满足物质需求和精神生活。

自 1999 年第一次制定我国职业分类大典，直到 2010 年我国才进行最新一轮的修订工作。2015 年最新修订的职业大典保持了原有的 8 大分类，增加 9 个中类和 21 个小类，同时减少了 547 个职业。这些职业分类是基于职业活动本身而言的，因此，这种修改完全是根据职业领域中所需要运用的工艺技术手段，以及劳动者完成工作任务或提高工作质量所需劳动来决定。正是基于职业活动范围的宽窄、工作责任的大小和工作质量的高低，才使得大类职业岗位都是由其工作性质或者说社会功能的同一性才确立成一个独立的职业。作为国家制定的职业标准，其能直接映射和调控劳动者技能，同时也代表着劳动者能够完成的工作任务的内容和质量。

2. 职业分类

总结现有的职业分类，大致有三种分类方法。

（1）按脑力劳动和体力劳动的性质、层次进行分类。该分类方法将工作人员划分为白领和蓝领工作人员两大类。白领工作人员包括专业性和技术性的工作，农场以外的经理和行政管理人员、销售人员等相关人员；蓝领工作人员包括手工艺及类似的工人、非运输性的技工、运输装置机工人、农场以外的工人、服务性行业工人。这种分类方法明显地表现出职业的等级性。

（2）按心理的个别差异进行分类。这种分类方法是根据美国著名的职业指导专家霍兰创立的人格—职业类型匹配理论，把人格类型划分为 6 种，即现实型、研究型、艺术型、社会型、企业型和常规型，与其相对应的是 6 种职业类型。

（3）依据各个职业的主要职责或从事的工作进行分类。这种分类方法较普遍，常用的是国际标准职业分类，该分类方法将职业由粗至细分为四个层次，即 8 个大类、83 个小类、284 个细类、1506 个职业项目，总共列出职业 1881 个。其中 8 个大类是：①专家、技术人员及有关工作者；②政府官员和企业经理；③事务工作者和有关工作者；④销售工作者；⑤服务工作者；⑥农业、牧业、林业工作者及渔民、猎人；⑦生产和有关工作者、运输设备操作者和劳动者；⑧不能按职业分类的劳动者。这种分类方法便于提高国际间职业统计资料的可比性和国际交流。

(4) 加拿大《职业岗位分类词典》的分类。它把分属于国民经济中主要行业的职业划分为23个主类，主类下分81个子类，489个细类，7200多个职业。

3. 我国职业分类

2015年7月29日，国家职业分类大典修订工作委员会全体会议在北京召开，会议审议通过并颁布了2015年版《中华人民共和国职业分类大典》。该大典是自1999年第一部大典使用以来，最新也是历时5年、七易其稿形成的重要工具书。2015年版《职业分类大典》延续职业分类的大类、中类、小类和细类结构，细类是最基本的类别，即职业。调整后的职业分类结构为8个大类、75个中类、434个小类、1481个职业。与1999年版相比，维持8个大类不变，增加9个中类、21个小类，减少547个职业（新增347个职业，取消894个职业）。新增职业包括网络与信息安全管理员、快递员、文化经纪人等；同时也取消部分职业，包括收购员、平炉炼钢工、凸版和凹版制版工等。

总体而言，我国八大职业分类依然是：

（1）党的机关、国家机关、群众团体和社会组织、企事业单位负责人。该职业分类参照我国政治制度与管理体制现状，对具有决策和管理权的社会职业依组织类型、职责范围的层次和业务相似性、工作的复杂程度和所承担的职责大小等进行划分与归类。2015年修订后的第一大类包括6个中类、15个小类、23个职业。与1999年版相比，增加1个中类，减少1个小类、2个职业，并对部分类别名称和职业描述进行了调整。

（2）专业技术人员。职业分类遵循职业分类一般原则和技术规范，还着重考量职业的专业化、社会化和国际化水平。2015年修订后的第二大类包括11个中类、120个小类、451个职业。与1999年版相比，减少3个中类，增加5个小类、11个职业。

（3）办事人员和有关人员。该职业分类主要依据我国公共管理与社会组织中从业者的实际业态进行。2015年修订后的第三大类强化其公共管理、企事业管理等领域行政业务、行政事务属性，包括3个中类、9个小类、25个职业。与1999年版相比，减少1个中类、3个小类、28个职业。

（4）社会生产服务和生活服务人员。该职业分类主要参照国民经济行业分类以及我国服务业发展现状，特别关注新兴服务业的社会职业发展，主要按照服务属性归并职业。2015年修订后的第四大类包括15个中类、93个小类、278个职业。与1999年版相比，增加7个中类、50个小类、81个职业。

（5）农、林、牧、渔业生产及辅助人员。该职业分类修订以农、林、牧、渔业生产环境、生产技术和产业结构的变化，现代农业生产领域中生产技术应用、生产分工与合作的现状为依据，参照国民经济行业分类进行。2015年修订后的第五大类包括6个中类、24个小类、52个职业。与1999年版相比，中类维持不变，减少6个小类、83个职业。

（6）生产制造及有关人员。该职业分类按照国民经济行业分类以及生产制造业发展业态，以工艺技术、工具设备、主要原材料、产品用途和服务与技能等级水平相似性进行。2015年修订后的第六大类包括32个中类、171个小类、650个职业。与1999年版相比，增加5个中类，减少24小类、526个职业。

（7）第七大类"生产工作、运输工作和部分体力劳动者"，第八大类"不便分类的其他劳动者"都沿用1999年版《大典》做法，维持原大类名称及内容表述不变。

5.1.2 经济转型过程中我国的职业结构变化特征

20世纪90年代，中国经济步入了新的经济转型期，伴随经济结构不断调整和经济增长方式的持续转变，我国的人口职业结构高度化的进程也随之迅速推进。从经济增长驱动力来看，80年代，中国经济增长的轴心是以轻纺工业为主导的工业化推动型的经济增长模式；90年代则进入了以城市化为背景、以基础产业和基础设施建设为主导、以加工制造与组装型工业为重点的重工业化与服务化发展的新阶段（周振华，1995；丁蜀、徐桂琼，1999）。而在这巨大的社会经济转型过程中必然会引起人口职业的剧烈变动。

随着经济的发展和国民经济产业结构的调整，不同职业就业的模式也发生相应的变动。职业结构的变化可以反映出经济结构和其特征的变化趋势，因此可以利用不同产业的就业增长状况来分析转型期经济变动的结构性特征。1978～2007年中国就业人口的产业转移情况如图5-1所示。

从图5-1可以看到：

（1）我国就业人口比重有了大幅度上升。改革开放之后，我国经济开始欣欣向荣，尤其是进入90年代末，经济开始出现高速运转，提供了大量的就业岗位。加上户籍制度的松动，我国就业人口占总人口的比例出现大幅度增加，从1978年的41.71%上升到2007年的57.22%。如果按照经济活动人口计算的话，则我国就业率的比值将更大。

（2）非农就业成为吸纳劳动力的主要途径，我国第一产业就业人口的比重迅速下降。从1978年占就业总人口的8.74%下降到了2007年的3.36%，下降了5.38个百分点。而第三产业（Ⅱ）和（Ⅳ）就业的人口比例则分别上升了5.33个、6.45个百分点。

（3）我国的产业结构在1995年左右出现了明显的调整，从以工业为主、第三产业为辅的指导方针向以第三产业为主、工业以集约型生产方式转变。如1978～

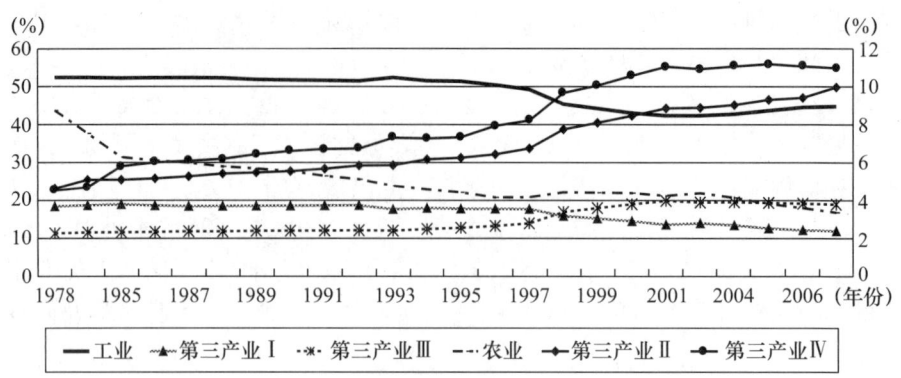

图 5-1 1978~2007 年我国分产业的就业人口的比重变化

1996年,工业就业人口比重从52.39%下降到50.43%,下降了1.96个百分点。随后,工业吸纳劳动的速度迅速降低,从1996年的50.43%下降到2007年的44.80%,下降了5.63个百分点,年均下降0.5%。

(4)从产业就业人员的增长率来看,为提高科学文化水平与居民素质服务的产业就业人口数增长的比例最高,而且增长速度也较快,1978~2007年就业人口比例增加了7.63%;其次是社会公共需要服务产业,其就业人口的比重在同期内增加了6.45%;生产和生活服务产业,如金融保险、信息咨询、地质普查、维修租赁、理发照相、房地产和物业服务等,其就业人口的比重只上升了5.33%,而流通服务产业的就业比重有所下降,从1978年的18.40%下降到了2007年的11.95%,下降了6.45个百分点。

表5-2反映了1990~1995年和1995~2008年我国分职业的就业人口增长率。从时间上看:1995年后是我国经济转型最快、产业和劳动力流动最快的时期。比较1990~1995年和1995~2008年分职业的就业人口增长率可以看到,除了农林牧渔和各行业的技术人员外,其他职业的就业人口增长率都在增加,且后期的增长率也较高。尤其是办事人员和服务业的劳动力吸纳能力增长很快。例如,男、女办事人员的就业增长率从1990~1995年的9.12%、28.20%分别上升到1995~2008年的74.47%、101.21%,分别增长了65.35个百分点和73.01个百分点;男、女服务人口的就业增长率则在同期内分别增长了62.90个百分点和54.13个百分点。

农林牧渔业的就业人口下降速度不断增长,且男性下降的速度要高于女性。1990~1995年男性从事农林牧渔的人口下降了2.82%,而女性只有0.55%。随着我国经济改革的进一步推进,妇女在劳动力市场的地位提高了。1995~2008年我国女性从农林牧渔中退出的速度增加到了9.82%,而男性退出的速度更快,为15.93%。

表 5-1 1978~2007 年我国分产业的就业人口的比重   单位:%

年份	农业	工业	第三产业Ⅰ	第三产业Ⅱ	第三产业Ⅲ	第三产业Ⅳ	就业人口占总人口的比重
1978	8.74	52.39	18.40	4.63	11.32	4.53	41.71
1980	7.55	52.39	18.70	5.09	11.58	4.69	42.06
1985	6.29	52.25	18.94	5.10	11.61	5.81	42.92
1986	6.12	52.33	18.66	5.17	11.70	6.01	43.69
1987	5.99	52.35	18.45	5.27	11.85	6.09	44.56
1988	5.80	52.27	18.50	5.42	11.83	6.19	45.08
1989	5.69	51.87	18.55	5.48	11.98	6.44	46.18
1990	5.55	51.74	18.56	5.55	12.00	6.61	47.12
1991	5.30	51.63	18.62	5.68	12.04	6.71	47.70
1992	5.12	51.49	18.69	5.85	12.11	6.73	48.29
1993	4.77	52.39	17.66	5.87	12.03	7.31	48.94
1994	4.58	51.55	17.97	6.18	12.47	7.27	49.09
1995	4.43	51.40	17.79	6.26	12.79	7.33	56.63
1996	4.16	50.43	17.76	6.44	13.28	7.94	56.54
1997	4.17	49.22	17.71	6.75	13.95	8.22	56.46
1998	4.43	45.38	15.86	7.75	16.92	9.66	56.37
1999	4.41	44.23	15.22	8.09	17.99	10.06	56.28
2000	4.39	43.05	14.53	8.46	19.01	10.57	56.20
2001	4.24	42.36	13.61	8.86	19.89	11.05	56.34
2003	4.38	42.37	13.96	8.89	19.47	10.93	56.48
2004	4.14	42.77	13.45	9.04	19.54	11.06	56.62
2005	3.82	43.70	12.63	9.30	19.36	11.18	56.76
2006	3.60	44.57	12.18	9.41	19.16	11.07	56.87
2007	3.36	44.80	11.95	9.96	18.95	10.98	57.22

注:人口变动调查自 2003 年开始使用新国民经济行业分类。

数据来源:《中国劳动统计年鉴(2008)》。

对比 1990~1995 年、1995~2008 年两时期我国各类专业技术人口就业情况可以看到,无论是男性还是女性,其就业的增长速度都在下降,而且无论男女性在 1995~2008 年该职业的就业人口为负。

对比 1990~1995 年、1995~2008 年两时期我国生产运输人员就业情况可以看到，1995年后我国的生产运输得到了飞快的发展。1995~2008年，男、女性从事生产运输的增长率分别为17.45%、11.79%。而在1990~1995年，该增长率分别只有-3.59%和-7.70%。这么快速的发展，一方面归结为我国户籍制度和劳动力流动市场的开放，交通运输在过去的20年里增长很快；另一方面得益于我国电子商务的进一步发展，越来越多的网络购物，使得物流得到飞速的发展。这不仅仅带动了运输业发展，同时也创造了很多的服务岗位。

表5-2　1990~1995年、1995~2008年职业的就业人口增长率　　　单位:%

职业	1990~1995年		1995~2008年	
	男	女	男	女
各类专业技术人员	11.44	31.47	-44.10	-21.08
国家机关负责人	-7.31	12.02	5.35	3.56
办事人员	9.12	28.20	74.47	101.21
服务人员	19.89	22.61	82.79	76.74
农林牧渔人员	-2.82	-0.55	-15.93	-9.82
生产运输人员	-3.59	-7.70	17.45	11.79

资料来源：同表5-1。

5.2 职业结构对热量需求的影响

5.2.1 分析框架

经济变动对人口职业结构的推动作用可以导致人口职业结构的多样化。同时，由于不同职业人口的劳动强度存在差异，对应的其每日所需的营养摄入也存在显著差异。目前，大量有关人均粮食需求的研究都是从收入、价格这两大经济因素着手的（Nikos，1997；Rozelle & Huang，1999；Steven et al.，2004）。一方面，收入水平的提高能提高居民的购买力水平，不仅食品消费量会增加，而且食品消费结构也会更多转向动物性食物，从而进一步增加粮食消费总量；另一方面，价格的提高虽然会降低人们的消费能力，但对不同收入群体的影响效果有差异，相较高收入群体，价格提高对低收入群体的平均消费倾向具有很大的负向影响（孙江明、钟甫宁，2000）。因此，影响粮食消费的最重要因素是收入，包

第5章 职业结构对热量需求影响的实证分析

括价格变化引起的实际收入变化。

然而生理需求因素也不可忽略。除了性别和年龄结构的变化，影响食品生理需求最重要的因素是就业结构。随着经济发展水平和收入水平的提高，年龄结构可能发生持续而缓慢的变化，而产业结构和产业内部工作岗位则可能发生相当迅速的变化（城市化带来的就业改变也可以包括在这一过程中）。职业的变化、同一岗位对体力消耗要求的改变都可能影响人们热量摄入量的生理需求，在收入、价格不变的情况下改变人们对食品的需求。

在不考虑食品消费结构变化的时候，粮食消费和营养摄入不仅可以互作粮食安全的指标。同时也可以认为，从最终食品摄入总量的角度看，对热量生理需求的变化基本上独立于食品消费结构的变化，即在确定了食品消费结构之后，对热量的生理需求就决定了不同人群在特定消费结构条件下的食品需求；反过来也一样，年龄和就业结构决定热量的生理需求以后，不同的食品消费结构就决定了最终食品消费总量。

由于劳动强度不同，具有相同年龄和性别但不同职业的个体之间其食品需求存在差异。其中，应职业要求导致劳动强度较高的个体，相应地需要更多的食品来满足其每日的热量消耗；相反，劳动强度低的职业对应的食品消费会相对要少。在一个集体中，如果从事劳动强度较高职业的人口比重在增加，即使该集体的人口总量保持不变，对应该集体所需的食品总量在增加；反之则食品需求量就会降低。同样，这一逻辑也存在于一个国家或地区的食品需求规律中。

正是由于不同的职业对应不同的劳动强度，从事各职业的群体其热量需求差异进一步导致总的人均食品消费也会发生变化。因此，省份间的人均粮食/热量需求的差异取决于两大因素：经济因素——该省份的人均收入水平、食品的相对价格；生理因素——该省份的人口结构、就业结构。因此，在假定食品消费结构不变的情况下，本书以热量消费代替食品消费，以实证的方式研究职业结构调整对人均粮食消费的影响。

同第4章一样，我们采用等标准的概念给每个职业赋予一定的消费数。稍有不同的是，FAO分职业的热量需求量表的职业分类同我国的分类存在差异。换句话说，FAO的职业分类很详细。我们对比中国的分类标准以及CHNS的职业列表，对其重新进行了分类，并根据FAO的职业热量需求表给出本书重新整理后的标准就业者对应的热量摄入量（FAO，2001）。

本书的数据来源于CHNS中国健康营养调查8年的数据，该数据中职业主要分为12类，根据职业的特点以及FAO分职业的热量需求水平，本书将这12类职业重新划分为5类。新的职业分组对应的热量需求水平具体如表5-3所示。

表 5-3 分职业的热量需求表

新的职业分组	按职业对应的热量需求水平（MJ）①	CHNS 问卷中的职业
1	1.45	01 高级专业技术工作者 02 一般专业技术工作者 03 管理者、行政官员、经理 04 办公室一般工作人员
2	2.73	06 技术工人或熟练工 07 非技术工人或非熟练工 11 服务业人员
3	4.08	05 农民、渔民、猎人
4	3.00	08 军官和警官 10 司机
5	6.67	09 士兵与警察 12 运动员、演员、演奏员

资料来源：《分职业的热量需求表》，FAO/WHO/UHN，2001 年。

5.2.2 实证分析

1. 实证模型

正如前面所讲，在传统食品消费研究中，影响人均的粮食需求主要是人均收入水平、粮食相对价格。其表达式为：

$$\ln EI_{it} = a_0 + a_1 \ln y_{it} + a_2 \ln p_{it} \tag{5-1}$$

式中，i 表示地区、t 表示年份；EI_{it} 表示 t 年地区 i 中人均的食品消费量（本书中是用人均的热量摄入量进行替代）；y_{it} 表示 t 年地区 i 中人均的实际收入水平；p_{it} 表示 t 年地区 i 对应的食品相对价格。

然而，不论人们的收入水平多高、增长多快，其粮食消费量总要受到自然和生理条件的约束。可以假定人口结构、就业结构都是独立于收入、价格等经济因素的变量。在既定的人口结构特征、收入水平和价格条件下，由于不同职业人数的调整，当所需热量水平较高的职业人数不断增加或是减少，对应地，该国家或地区的食品消费总量也会增加或减少。

为了进一步验证职业结构的调整对人均食品需求的影响，本书采用混合数据

---

① 注：各职业组对应的热量消费水平为 FAO/WHO/UHN 分职业的热量摄入水平表中的平均值。具体参见：Human Energy Requirements—Report of a Joint FAO/WHO/UNU Expert Consultation. Rome：FAO，2001：93-95。

模型。由于职业是可选择的,而年龄是随时间变化的,因此将年龄同职业作为两个独立变量,即假定不同年龄性别和职业的人的热量需求由其人口特征和职业分别决定,不存在交互影响。具体如下:

$$\ln EI_{it} = a_0 + a_1 \ln y_{it} + a_2 \ln p_{it} + a_3 \ln AME_{it} + a_4 \ln occ_{it} \qquad (5-2)$$

式中,AME_{it}表示 t 年地区 i 的人口结构特征指数;occ_{it}表示 t 年地区 i 的职业结构指数。

而职业结构指数的具体计算公式如下:

$$occ_{it} = \sum \eta_k \times \frac{occind_{it}^k}{n_{it}} \qquad (5-3)$$

式中,$occind_{it}^k$表示 t 年地区 i 从事职业 k 的人口数;n_{it}表示 t 年地区 i 的总的从业人数;η_k表示职业 k 对应的热量需求水平,该值来自表 5-3。

根据传统的经济学理论可知,人均收入水平的提高对人均热量摄入具有正向影响,而食品相对价格的提高对热量的消费具有反向作用,人均等成人指数对应人均热量消费也具有正向影响,而职业结构指数对应的是一个集体中不同职业热量需求的总指标,当从事热量需求较高的职业人口增加,对应该指数就会增加,对应该集体的人均热量需求也就增加。为了便于对照,我们将分别对两个方程进行回归。

2. 数据来源

本节主要的数据来自中国健康营养调查(CHNS),该调查公布其 8 次调查数据。其中营养摄入数据包含:1989 年、1991 年、1993 年、1997 年、2000 年、2004 年、2006 年、2009 年共 8 年的调查数据。调查样本来自广西、贵州、黑龙江(自 2000 年成为调查点)、河南、湖北、湖南、江苏、辽宁和山东 9 个省(自治区)。

我们以省为单位,测度影响各省人均热量需求的因素。所有的变量数据来自 8 年所有个人的收入、营养摄入、职业、年龄、性别等信息。删掉个人信息缺失的样本,据统计 1989~2009 年,调查个体最少为 4404 个,最多为 6862 个。有效调查个体总量为 44751 人,其中男性为 23293 人,女性为 21458 人,占总人数的比例分别为 52.05% 和 47.95%(见表 5-4)。

从职业分组来看,从事脑力劳动进行管理和技术服务的职业人口比重不断增加,从 1989 年的 14.32% 上升到了 2009 年的 18.77%;从事第一产业的就业人员在样本中有所下降,从 1989 年的 52.93% 下降到了 2009 年的 47.86%。

比较 5 组职业的就业分布可以看到:服务和技术人员是我国人口就业的主要岗位。从职业 3 组的就业比例变化来看,样本数量从 1989 年的 52.93% 上升到了 1997 年的 57.97% 和 2000 年的 57.02%,随后出现迅速下降,调整为 2009 年的

47.86%。样本中从事农业的样本并未减少,从1989年的14.32%上升到2004年的20.01%,然后又经调整变为2009年的18.77%。样本中男性的比例在过去的8次调查中呈上升趋势:从1989年的50.73%上升到2009年的54.66%,增长了近3个百分点。

表5-4 1989~2009年分职业和性别的样本统计

职业分组		1989年	1991年	1993年	1997年	2000年	2004年	2006年	2009年	合计
1	n	695	1003	851	996	1099	881	890	944	7359
	%	14.32	14.62	13.41	15.68	17.35	20.01	19.47	18.77	16.44
2	n	1497	1890	1880	1532	1458	1193	1312	1514	12275
	%	30.84	27.54	29.62	24.12	23.01	27.09	28.7	30.11	27.43
3	n	2570	3876	3504	3681	3612	2188	2200	2406	24037
	%	52.93	56.48	55.21	57.97	57.02	49.68	48.14	47.86	53.71
4	n	44	64	82	114	130	113	135	154	834
	%	0.9	0.93	1.29	1.79	2.05	2.56	2.95	3.06	1.86
5	n	50	30	30	28	35	29	34	10	245
	%	1.02	0.43	0.47	0.44	0.56	0.66	0.74	0.2	0.55
性别分组		1989年	1991年	1993年	1997年	2000年	2004年	2006年	2009年	合计
男	n	2463	3473	3197	3298	3320	2329	2465	2748	23293
	%	50.73	50.61	50.37	51.93	52.41	52.88	53.94	54.66	52.05
女	n	2392	3389	3150	3052	3015	2075	2105	2280	21458
	%	49.27	49.39	49.63	48.07	47.59	47.12	46.06	45.34	47.95
		4855	6862	6347	6350	6335	4404	4570	5028	44751

资料来源:CHNS 1989~2009年。

根据研究目标,将各省对应年份的个体数据计算出对应省份的人均热量消费水平、人均收入,其中收入数据通过2009年的消费者价格指数做进一步调整。以各省的人口特征和就业结构计算出人口结构和就业结构指数。热量的价格以食物的相对价格进行替代,其具体取值来自调查地区该年份的食品零售价格指数,并进一步利用对应的商品零售价格指数平减得出。价格数据来源于《中国统计年鉴》。据统计,整理总样本数为136个,人均热量消费量为2480.41千卡/日,人均收入达到9884.80元。本研究有关的5个变量,其中就业和人口结构的变量为综合指标。从时间来看,就业结构指数出现波动,人口结构指数呈整体的下降趋势。本实证研究所涉及的各变量统计分析如表5-5所示。

表 5-5 各变量的统计描述

回归结果中的各变量统计描述					
	样本数	均值	标准差	最小值	最大值
人均热量摄入（千卡/日）	136	2480.41	305.30	1975.45	3553.51
人均收入（元）	136	9884.80	12460.78	217.008	105623.5
食品相对价格（1988年=100）	136	126.01	25.37	95.45	182.82
等成人消费指数	136	0.7757	0.0159	0.7305	0.8130
等职业消费指数	136	2.9609	0.6757	1.678	4.0272

样本中各变量的统计描述											
年份	样本数	热量摄入（千卡/日）		人均收入（元）		等成人消费指数		等职业消费指数		食品相对价格（1988年=100）	
		均值	标准差	均值	标准差	均值	标准差	均值	标准差	均值	标准差
1989	4855	3013.05	310.29	3908.89	9967.93	0.797	0.007	3.31	0.61	97.43	1.29
1991	6862	2759.82	258.42	3523.11	3363.55	0.779	0.008	3.383	0.582	98.11	0.943
1993	6347	2674.01	204.79	4294.77	4751.90	0.775	0.0077	3.366	0.528	102.24	2.405
1997	6350	2425.36	168.47	5496.17	5649.97	0.774	0.010	3.334	0.638	125.80	4.973
2000	6335	2432.01	149.07	7058.70	8263.57	0.771	0.0123	3.302	0.635	120.82	5.249
2004	4404	2424.65	205.24	9224.01	11295.74	0.763	0.0176	3.184	0.630	139.11	4.891
2006	4570	2332.25	190.71	12463.13	17009.69	0.759	0.017	3.173	0.615	142.97	6.040
2009	5028	2299.51	164.49	17949.02	26246	0.757	0.015	3.158	0.604	172.88	8.647
总计	44751	2552.892	307.41	7549.70	13051.34	0.772	0.016	3.288	0.610	122.78	24.45

资料来源：CHNS 1989~2009年。

5.3 实证结果

根据本书的数据和实证模型，最终的回归结果如表5-6所示。

从传统的经济因素分析来看，收入和价格对人均的粮食需求有影响，且收入弹性在5%的水平上显著正相关；虽然价格弹性不显著，但是价格弹性为负，与经济学原理相符。而在加入了人口特征和就业结构的方程回归结果显示，价格弹性在5%的水平上显著为负，收入弹性为正但不显著。收入弹性的不显著很可能是由于被解释变量为人均的热量营养摄入;以营养摄入为指标的粮食消费边际变化比实际粮食消费的边际效应小。两者之间的差异取决于食物消费结构的变化。

表5-6 回归结果

	只考虑经济因素的模型			调整后的模型		
	系数	T值	P>t	系数	T值	P>t
ln(Y)	0.073**	2.897	0.005	0.007	0.25	0.802
	0.0252			0.028		
ln(P)	-0.132	-1.485	0.140	-0.270**	-2.72	0.007
	0.0889			0.099		
ln(AME)				1.144*	2.31	0.023
				0.496		
ln(Occ)				0.244***	6.14	0.000
				0.0398		
常数项	8.741	25.72	0.000	9.112***	28.56	0.000
	0.340			0.319		
	$F(2, 133) = 37.61$			$R^2 = 0.3683$	$F(4, 131) = 36.07$	$R^2 = 0.5241$

注:每个解释变量回归系数下面的值为回归系数的标准差;*、**、***分别表示在10%、5%、1%的水平上显著。

调整方程之后的回归结果显示,地区的人均热量消费与食品的价格呈反向关系,价格每提高1%,就会导致人均热量消费水平下降0.270%;省级的人口结构弹性系数为1.144,意味着人口结构指数每提高1%,对应的人均热量营养需求也会提高1.144%。而职业结构指数的系数为正,同我们预期的方向一致,且在1%的水平上显著。比较两个方程的R^2可以看到,调整后的R^2从0.3683提高到了0.5241。

根据本书的研究结果,可以看到因年龄性别和就业情况导致基本生理需求的热量存在差异,进而使得人均的热量摄入存在显著变化。与价格和收入等影响因素不同的是,年龄和职业是外生的,其不受经济或社会因素的影响。因此处于经济高速发展的群体或地区,一旦其人口年龄结构或是职业出现巨大变化时,其带来的食品消费变化不能单纯认为是由社会经济因素造成的,忽视这些客观存在的影响因素会导致对该地区基本粮食需求错误的判断。

5.4 小结

根据本章的研究结果,在传统的收入价格等经济因素分析中,如果忽略人体自身对食品需求的影响,会导致过高的估计收入等因素的影响。这就是为什么最近的 10 多年里中国居民的收入有了迅速的提高,但是粮食仍保持出口的地位(大豆和油料作物除外)。在经济因素以及食品消费结构稳定的情况下,因人口特征和职业结构的调整以及职业强度的变化,人均食品需求会随之出现波动(钟甫宁,2009)。

本章利用 FAO 分职业活动的热量需求量表将职业结构调整引入食品需求的实证分析中,结果表明,一个地区中从事职业活动所需热量需求较高的人口比重的增加会导致该地区人均的热量需求增加;反之也成立。

保障粮食安全是一个国家和地区的粮食安全战略的首要目标。粮食安全不仅仅要求每个人能够获得足够的食物,而且要保障膳食的合理搭配,保证微观各营养素的摄入。虽然影响粮食获取的经济因素对营养摄入产生影响,但是同样影响营养摄入的生理因素也是约束粮食消费的因素。本书在不考虑食物消费结构变化的前提下,从职业结构调整的角度分析人均粮食需求的变化。在未来的粮食安全分析中,不仅要考虑职业结构变化,同时也要进一步分析食物消费结构对粮食消费的影响。

第6章 热量摄入与粮食消费之间的关系

在前面的两章中，我们着重分析了年龄、性别和工作强度决定的个体最基本的热量摄入生理需要，但人口和职业结构调整对人均热量消费的影响并不能直接运用到粮食消费影响当中。因此，本章进一步分析热量摄入同粮食消费之间的关系。

人体每日摄入的热量都源自食物的消费。人们平常所吃的食物可以分为：谷物、蔬菜、畜产品、水产品、奶产品、蛋制品以及其他食物。这些食物当中以谷物和畜产品的消费对粮食需求产生至关重要的影响。一方面，谷物满足人们口粮的需要；另一方面，畜产品生产过程中需要大量的谷物作为饲料。而不同类型畜产品具有不同的饲料转化率，因此，从人们最终消费的粮食来看，食物消费结构的调整改变着其粮食的消费总量。

在过去的30年里，无论是城镇还是农村，居民的食品消费结构都有了很大的调整。相比农村居民而言，城镇居民食品结构中动物性食品的消费量高出很多。据统计，2009年城乡居民的猪肉、牛羊肉、家禽消费量之差分别达6.57千克/人年、2.33千克/人年、6.22千克/人年。作为城镇化最显著的结果之一，食品消费结构的调整对粮食总需求具有长期的显著影响。

为了进一步研究人口和职业结构对我国粮食消费的影响。本章主要以既定热量需求为基础，寻找不同食品消费结构与粮食总需求之间的关系，对我国未来的粮食消费预测提供分析基础，另外也试图对目前关于食物消费结构对粮食总需求的影响研究做补充。

6.1 有关城镇化对粮食消费的争论

改革开放至今，国民经济和居民收入的高速增长导致食品消费的快速增长。与此同时，迅速的工业化、城镇化又改变了居民的食品消费结构；在粮食总量需求快速增长的同时，粮食品种结构的供应安全问题也日益凸显。中国的粮食分为食物用粮和非食物用粮，其中食物用粮又可以分为口粮和饲料粮两种用途。由于食物用粮关乎人们的基本健康生活，且占我国粮食消费总量的85%以上，因此，本节主要针对食物用粮的消费进行分析。

食物用粮量是全社会所有人消费行为加总，个人食品消费需求的基础是生理需要，即由年龄、性别和工作强度决定的热量摄入需要；在此基础上，收入水平、消费习惯和市场可获性共同决定了食品消费结构，从而决定了食物用粮（包括直接消费的口粮和间接消费的饲料粮等）的总需求量。在可能的情况下，热量摄入的需求和食品消费结构应当分别进行分析，以便得到更精确的预测值。

对未来粮食消费需求的已有分析大致可以分为两类：一是通过分析收入水平与人均消费水平来预测未来人均的粮食总需求水平，通过模拟未来的人口总量，进而获得一个国家或地区总的粮食需求（高启杰，2004）；二是区分粮食的消费类型（口粮消费、饲料粮消费、工业加工等消费、存储消费以及损失），用不同类型消费的数量变化趋势来模拟未来的粮食需求（肖国安，2002；马晓河，1997）。虽然两种方法的思路有异，但是在考虑人口消费的粮食总量部分却又不谋而合，即预测粮食消费总量的变化趋势必须考虑食品消费结构的调整。

由于城乡居民食品消费结构的差异，城镇化过程必然影响进城农民的消费结构，从而影响粮食的总量需求。从理论上看，收入水平的提高会提高人们的粮食获取能力。对于处于要解决温饱问题的国家和地区，收入会提高他们的基础粮食需求；然而，解决温饱之后，收入的进一步提高会极大地促进人们食品消费结构的调整，其中口粮（基础粮食）部分的消费会有所下降，但是畜产品消费会大大增加，这会导致饲料粮消费的快速增长。因此，粮食消费总量依然可能大幅度增加。

6.2 测度食品消费结构对粮食消费影响的方法

正如前文所提到的，食品消费的基本目的是满足人体生理活动对热量的需求。因此，无论消费结构如何受收入及其他经济因素的影响，结构变化可能对热量摄入总量本身没有多大影响，但却对粮食消费总量产生重大影响。换句话说，不同的消费结构可以提供相同的热量摄入，而这种相同的热量摄入量却可能对应完全不同的粮食需求总量。如果以热量摄入量为标准研究不同消费结构下的粮食总量需求，就可以理清食品消费结构对粮食总需求的影响，有助于进一步合理预测未来的粮食消费总量。

从已有的食品消费结构的研究中可以看到：经济发展过程通常伴随着从谷物（碳水化合物产品）为主要营养来源向畜产品（蛋白质产品）为主的消费结构调整。谷物消费的增长或下降会导致粮食消费同数量的增长或是下降，而由于畜产品消费的增加或减少则导致对粮食需求成倍地增加或是减少（取决于饲料转化率），故而在谷物和畜产品按不同比例向人体提供相同的热量时，粮食的总需求会有所差异。因此，可以通过比较最终粮食消费量同人体摄取的热量之间的关系，对不同食品消费结构下粮食的最终需求做出判断。

食品结构的历史数据可以从《中国统计年鉴》等获取，也可以利用城乡居民的食品消费变化趋势与食物偏好变化进行分析。本节拟通过城乡居民的食用粮热量转化率来进行分析。人们日常生活所需用的能量来自粮食产品和非粮食产品的消化，公式如下：

$$EI = EI_f + EI_u = \sum \alpha_i X_i \tag{6-1}$$

式中，EI 表示人均日热量摄入；EI_f 表示粮食产品提供的热量（如谷物、猪肉、牛羊肉、禽、蛋以及水产品等）；EI_u 表示非粮食产品提供的热量（如水果、蔬菜等）；α_i 表示食物 i 的热量值；X_i 则对应食物 i 的日消费量。

影响粮食消费的是人们的谷物以及畜产品等的消费，其对应的总粮食需求水平可以表示为：

$$M_{food} = \sum \beta_i f_i \tag{6-2}$$

式中，β_i 表示食物 i 的粮食折算率；f_i 表示食物 i 的日消费数量。

为了方便对比不同食品结构条件下热量同粮食需求之间的关系，式（6-2）可以进一步表示为：

$$RI = \frac{M_{food}}{EI_f} \times 1000 = \frac{\sum \beta_i \times f_i}{\sum \alpha_i \times f_i} \times 1000 \tag{6-3}$$

式中，RI 表示每 1000 个单位的热量所需粮食的数量。

中国居民消费的食物品种自改革开放之后日益多样化，但是主要食物种类则相对稳定。人们消费的食物中除蔬菜、水果、果汁饮料、糖蜜食品和干果外均直接或间接地与粮食（谷物、豆类和薯类）有关。本书参照《畜牧通论》、《农业技术经济手册》、《全国农产品成本收益资料汇编》，确定了各项食物消费的粮食折算系数，将我国城镇和农村的食物消费折算成原粮当量（见表 6-1）。其中，肉类均以无骨鲜肉折算、家禽均按鸡肉折算、蛋制品均按鲜蛋折算。各类食品的热量含量来自《中国食物成分表 2002》以及许世卫（2001）的研究。

随着经济的发展，城镇居民在外就餐的比重不断增加，给城镇居民的粮食以及营养消费的研究造成了不小的障碍。参照一些学者估计在外就餐的方法（封志明，2007；梁书民、孙庆珍，2006），本书主要根据统计年鉴中城镇居民的消费支出结构中在外就餐的部分占家庭食品支出（扣除烟酒、调味品以及饮料）的比重进行修正。

表6-1 分城乡的粮食折算率以及各食品的热量含量表

粮食折算系数		热量成分表（千卡/公斤）	
粮食		粮食	3553
城市	1/0.80	薯类	810
农村	1	蔬菜	180
淀粉及薯类	1	植物油	9000
猪肉	4.6	食糖	3776
牛羊肉	3.6	肉类	3915
家禽	3.2	蛋类	1468
鲜蛋	3.6	奶类	690
水产品	2	水产品	782

注：由于统计数据中农村居民的口粮消费以原粮计算，而城镇居民的口粮消费以贸易粮计算，因此城镇居民的口粮消费是按80%的折算率转化成原粮。

资料来源：《农产品成本收益资料汇编（2009）》；《技术经济手册（农业卷）1986》；许世卫：《中国食物发展与区域比较研究》，中国农业出版社2001年版；《中国食物成分表（2002）》。

6.3 分城乡的粮食消费分析

6.3.1 食物用粮需求特征

1. 无论城市还是农村，口粮消费占总食物用粮的比重呈下降的趋势

改革开放以来，随着人们收入水平的提高、膳食结构的改善，中国城乡居民的口粮消费下降明显（见图6-1）。城镇居民年人均购买粮食数量（贸易粮）已经由1978年的134公斤下降到2009年的81.3公斤，降幅为39.33%。从原粮消

费来看，口粮消费从1995年的366.32克/日下降到2009年的347.55克/日，降幅为5.12%，年均下降0.37%。相比之下，农村居民口粮的下降幅度要远远大于城镇居民。农村居民的年人均购买的口粮从1979年的256.7公斤下降到2009年的189.26公斤，降幅为26.27%。实际上，农村居民的口粮消费调整最快的阶段为过去的15年。农村的人均口粮消费从1995年的701.64克/日下降到2009年的518.52克/日，降幅为26.1%，年均下降1.86%（见表6-2）。

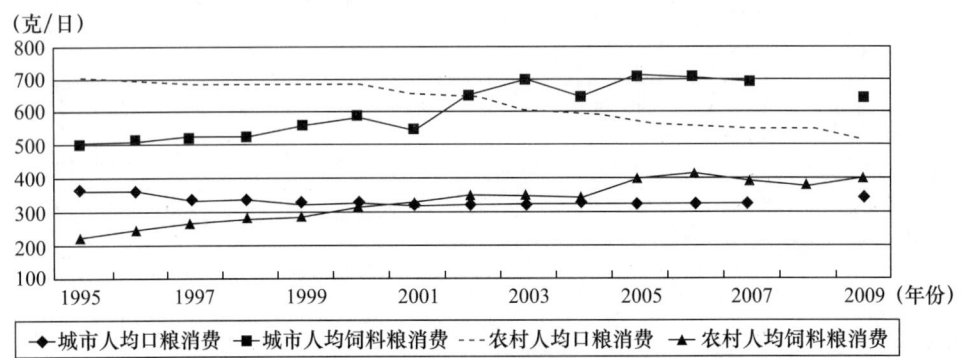

图6-1　1995~2009年城乡居民粮食消费结构变化

2. 由于畜产品消费的增加，城乡居民的食物用粮中饲料粮的比重呈上升趋势

1995年以来，城镇居民的饲料用粮消费从日502.09克上升到2009年的641.28克，增幅为27.72%，年均增幅为1.98%（见图6-1），经济的发展，农村居民的肉、蛋、奶的增加幅度很大，因此农村居民的饲料用粮增长速度很快，从1995年的日消费217.66克上升到2009年的402.48克，增幅为84.9%，年均增幅为6.06%。虽然农村居民的饲料粮消费增长的速度很快，但是其消费结构仍然低于城镇居民。从表6-2可以看到，在1995年时，城镇居民的饲料粮消费的比重占总食用粮食的比重就达到57.82%，而农村居民直到2009年才只有43.7%。

2000~2012年，城镇居民的间接粮食需求增加约32公斤/年，完全抵消了同时期口粮消费的下降。同样，农村居民的间接粮食消费增加约36公斤/年。比较城乡居民的涉粮产品消费可以看到：虽然农村居民的畜产品消费有很大的提高，但间接的粮食消费占比还未超过50%，比城镇居民69%的饲料消费低了近20个百分点。截止到2012年，中国农村居民的肉类消费量人均为23.45公斤/年，比城镇居民的35.71公斤/年少了12.26公斤。城镇化将推动城乡居民饮食习惯的趋同，这也意味着中国未来饲料粮消费的快速增加。

表 6-2　1995~2009 年中国城乡居民粮食消费结构变化

年份	城市				农村			
	口粮（克/日）	饲料粮（克/日）	口粮占食用粮食的比重（%）	饲料粮占食用粮食的比重（%）	口粮（克/日）	饲料粮（克/日）	口粮占食用粮食的比重（%）	饲料粮占食用粮食的比重（%）
1995	366.32	502.09	42.18	57.82	701.64	217.66	76.32	23.68
1996	360.11	511.79	41.30	58.70	701.92	242.51	74.32	25.68
1997	339.54	520.39	39.48	60.52	686.85	263.28	72.29	27.71
1998	338.26	522.47	39.30	60.70	681.92	278.58	71.00	29.00
1999	333.76	556.49	37.49	62.51	678.08	284.40	70.45	29.55
2000	329.61	583.94	36.08	63.92	685.48	315.61	68.47	31.53
2001	321.08	551.59	36.79	63.21	653.70	328.80	66.53	33.47
2002	324.71	645.84	33.46	66.54	647.95	351.83	64.81	35.19
2003	327.77	696.57	32.00	68.00	609.32	352.67	63.34	36.66
2004	327.57	645.90	33.65	66.35	598.08	341.75	63.64	36.36
2005	325.95	706.00	31.59	68.41	572.33	396.93	59.05	40.95
2006	325.95	706.85	31.56	68.44	563.29	417.11	57.46	42.54
2007	329.25	691.26	32.26	67.74	546.58	386.61	58.57	41.43
2008	—	—	—	—	545.48	377.58	59.09	40.91
2009	347.55	641.28	35.15	64.85	518.52	402.48	56.30	43.70
2010	297.84	627.73	32.18	67.82	518.63	393.45	56.86	43.14
2011	294.82	627.29	31.97	68.03	497.10	415.26	54.48	45.52
2012	287.70	642.14	30.94	69.06	467.78	427.75	52.23	47.77

注：2010 年的《中国城市（镇）生活与价格年鉴》和《中国统计年鉴》均未汇报当年城镇居民的口粮消费数据。

资料来源：历年《中国农村住户调查统计年鉴》；《中国统计年鉴（2010）》。

6.3.2　城镇化对食物用粮需求分析

无论是城镇还是农村，虽然口粮消费下降，但是由于畜产品导致的饲料粮消费增长很快，因此从人均日最终的粮食消费总量来看基本呈上升的趋势（见表 6-3）。1995 年城镇、农村居民的日食用粮食消费总量分别为 846.87 克、919.31 克，至 2009 年分别为 968.39 克、921.00 克，增幅分别为 13.87%、0.18%。

虽然农村居民的人均日食物用粮消费总量增长的幅度很小；但是农村居民的

热量消费并未对应地小幅度上升,反而有所下降。如表6-3所示,1995~2009年农村居民的日热量消费从2482.20千卡/日下降到2266.0千卡/日,降幅为8.7%。由于热量消费水平是由人体的性别年龄、劳动强度等生理因素决定的,因此农村居民日热量消费的下降很可能与农村更快的老龄化和劳动强度下降有关。

表6-3 1995~2009年城乡居民的食物用粮总量及日热量消费情况

年份	城市				农村			
	人均日热量摄入(千卡/日)(1)	人均日最终粮食消费量(克/日)(2)	粮食产品供应热量占总热量的百分比(%)(3)	日粮食热量比(RI)(4)=(2)×1000/[(1)×(3)/100]	人均日热量摄入(千卡/日)(5)	人均日最终粮食消费量(克/日)(6)	粮食产品供应热量占总热量的百分比(%)(7)	日粮食热量比(RI)(8)=(6)×1000/[(5)×(7)/100]
1995	2039.35	846.87	81.33	523.56	2482.20	919.31	92.96	370.36
1996	2058.37	850.71	80.98	523.10	2510.40	944.43	92.71	376.21
1997	2023.92	839.96	79.88	531.89	2509.50	950.13	92.33	378.61
1998	2071.40	840.83	78.85	526.99	2528.30	960.49	92.33	379.90
1999	2140.03	870.61	78.39	530.69	2506.60	962.48	92.34	383.98
2000	2249.58	894.16	77.29	525.44	2605.10	1001.09	91.61	384.28
2001	2113.59	853.79	76.33	540.91	2542.80	982.49	91.04	386.38
2002	2213.70	951.44	77.46	565.99	2591.40	999.77	90.42	385.80
2003	2370.81	1005.06	75.85	569.64	2440.80	961.98	90.68	394.13
2004	2321.87	954.20	74.79	560.59	2365.50	939.83	91.65	397.31
2005	2399.49	1012.78	75.52	569.46	2382.50	969.26	90.59	406.82
2006	2451.58	1013.63	74.85	562.80	2403.70	980.40	90.26	407.87
2007	2393.57	1001.15	74.89	569.33	2332.30	933.19	89.62	400.11
2008	—	—	—	—	2312.60	923.06	89.42	399.15
2009	2456.64	968.39	75.67	531.97	2266.00	921.00	88.84	406.44
以2007年为例	一个农民转向城市			原日热量摄入(千卡)	涉粮产品的热量供应比率	每千卡热量的粮食转化率	粮食需求总量(克/日)	
				2332.30	74.89%	569.33	994.43	

资料来源:同表6-2。

对比农村居民的热量和粮食消费可以看到,热量消费的下降并不意味着粮食消费的下降。根据表6-1可知,单位重量的畜产品提供的热量只略高于谷物,而由于畜产品的饲料转化率决定了粮食需求的水平,因此若要摄取相同的热量,畜产品对应的最终粮食消费要远大于谷物消费。因此,在过去的10多年里,农村居民的猪、牛、羊肉消费从1995年的11.3公斤/年上升到2009年的15.3公斤/年,上涨幅度为35.40%,加上禽蛋等的消费,农村居民的饲料粮需求比重上升了10.02个百分点,取代了因食品消费结构调整导致的口粮消费的下降;对应地,农村1995~2009年的人均口粮消费下降了67.44公斤/年,但是最终的粮食消费总量基本保持不变。

同农村居民不同的是,城镇居民的最终粮食消费总量是呈上升趋势的,且年均增幅接近1%。根据农村居民的粮食消费情况分析,最终粮食消费数量的增长是由城镇居民畜产品增加而导致的。城镇居民的热量消费在过去的近15年里也呈上升趋势,在热量的提供源中,影响粮食需求的食品比重在下降,从1995年的81.33%下降到2009年的75.67%。由此可以推测,城镇居民的热量来源更多在非粮食产品。

对比各类非粮食食品的热量源中,油脂提供的热量水平是谷物或肉类的2.5倍。事实上,城镇居民的植物油消费在1990年就已经达到6.4公斤/年,而农村居民在2009年才达到6.3公斤/年。城镇居民在外就餐的比重越来越大,2009年城镇居民的油脂实际消费量远高于9.7公斤/年(2009)的统计数据。

食物中可产生热量的营养素有三大类,分别是蛋白质、脂肪和碳水化合物。城乡居民的热量来源在经济发展过程中的差异越来越大。目前,我国城镇居民的热量来源已经开始依靠蛋白质和脂肪(畜产品和油类等)的摄入,而谷物(碳水化合物)供应的比重下降很快(结合表6-2和表6-3)。但农村居民的热量源仍主要源自碳水化合物,虽然其畜产品和脂肪的摄入也在增长,但正如前面分析到的,城镇居民的消费结构是远超过农村居民的。从非粮食产品供应的热量比重来看,城镇居民从1995年的18.67%上升到2009年的24.33%;农村居民则从7.04%上升到11.16%。

通过前面的分析可以基本确定的是:随着收入水平的提高,虽然人们的口粮消费有所下降,但由于畜产品消费的增加,粮食消费的总量无论在农村还是城市是呈上升趋势的。然而有意思的是:同大多数人理解的不一致的地方是——农村总的粮食消费水平在2002年以前要高于城市。换句话说,是畜产品消费的增长导致了我国2002年以前食用粮食需求增长,则农村显示出比城市更强的贡献率。而在此之后,则主要是由城镇居民的消费增长导致。

城镇化的过程不仅仅是农村人口简单地从农村地区迁移到城市,而是逐渐地融入城市，包括改变他们的生活习惯和饮食习惯的过程。如果以 2007 年的水平为例①，一个农村居民从农村来到城市，保持其原有的热量消费水平不变，并按照城市人的食品消费结构，则其日消费的粮食总量为 994.42 克/日，比原有水平增加了 61.2 克/日，约合 22.34 公斤/年；但是如果农村居民是根据其原有的消费结构，并达到城市居民的热量水平，则对应地，日粮食消费总量为 858.29 克/日，比原有的水平减少了 74.9 克/日，约合 27.34 公斤/年。

6.3.3 城镇化对粮食最终消费影响的修正

诚如分析城乡居民涉粮消费中所看到的那样，当饮食习惯中的畜产品消费增加，必然会导致间接粮食需求的快速上涨。同时对农村居民来说，城镇化意味着未来中国畜产品需求提升的空间更大。然而，如果根据国家统计局 2010 年以前的数据比较城乡居民的最终粮食消费会得出，城镇化将降低人均总的粮食需求。因为农村居民间接粮食消费增加的速度远小于口粮下降的速度，且同年份城市和农村居民的总粮食消费数据的比较显示，2010 年以前农村居民人均总的粮食要比城镇居民高（表 6-4 中的人均最终粮食消费量）。

造成这一结果重要的原因在于：城镇居民在外就餐的数据并未被有效地统计进来，其结果是城镇居民食品消费量被低估。这种食品消费数据的低估并不是说对某类食品的低估，而是各类食品消费均存在低报的情况。因此，假定食品消费统计中统计的低估是整体性的，但各类食品消费的结构是准确的，即各类食品提供的热量占总热量的比重在各年份是正确的，同时各涉粮产品占总粮食消费的比重也是正确的，那么，各类食品具体消费量的高估或是低估并不影响我们对各类食品结构的判断，以及对每单位热量所需的最终粮食消费的计算。

食物充足以及多元性是经济社会发展提高人们生活福利的重要表现。30 多年的时间里，中国居民的营养水平有了很大的提高。谷物和畜产品作为日常生活营养摄入主要来源的同时，瓜果、蔬菜、奶制品等的消费也日益增多。这些非涉粮产品不仅丰富了广大居民的餐桌，还提供了人体均衡的膳食营养。目前，中国居民涉粮产品所提供的能量占居民每日所需热量的 70% 以上。截止到 2012 年，农村居民热量摄入的 85% 来自涉粮产品，城镇居民则为 74%（见表 6-4）。

我们将城乡居民所有消费的食物折算成可以日热量摄入，并将食物中的涉粮产品折算成最终的粮食消费，根据式（6-3）计算出城乡居民各自的每单位热

---

① 这里用 2007 年的数据而不用 2009 年的，主要是由于 2007 年以后的数据不连贯性造成的。根据统一的口径，2009 年的热量值有很大的增加，但是粮食消费比 2007 年的却有所下降，而 2008 年的部分数据缺失，使得很难在短短的两年找出原因。因此，在考察城镇化对粮食消费的影响时，利用了 2007 年的水平进行估计。

量所需的粮食消费系数。从表 6-4 可以看到：虽然城市居民的热量摄入源中涉粮产品的比重比农村居民低，但是由于其涉粮产品中畜产品的消费高于农村居民，使得城镇居民每单位热量需要的最终粮食数量也高于农村。换句话说，在相同的热量需求水平下，采用城镇居民的食品消费结构，将消费更多的粮食。

表 6-4　2000~2012 年城乡居民的热量摄入源变化及粮食热量转化率

年份	城市				农村			
	人均日热量摄入（千卡/日）	人均最终粮食消费量（千克/年）	涉粮产品占热量源的百分比（%）	单位热量的最终粮食需求量（$\sigma_{energy-grain}$）	人均日热量摄入（千卡/日）	人均最终粮食消费量（千克/年）	涉粮产品占热量源的百分比（%）	单位热量的最终粮食需求量（$\sigma_{energy-grain}$）
	(1)	(2)	(3)	(4)	(1)	(2)	(3)	(4)
2000	1682.36	312.41	73.70	0.25	2599.10	370.69	89.19	0.16
2001	1661.04	304.12	72.95	0.25	2472.78	360.25	88.44	0.16
2002	1716.20	328.14	73.22	0.26	2468.54	361.63	88.07	0.17
2003	1751.80	336.51	72.95	0.26	2321.51	350.90	88.78	0.17
2004	1697.14	315.11	72.03	0.26	2257.06	344.27	89.61	0.17
2005	1713.69	326.48	72.51	0.26	2272.45	353.74	88.91	0.18
2006	1709.43	324.26	71.69	0.26	2244.38	352.23	88.77	0.18
2007	1731.79	325.30	71.85	0.26	2186.08	337.71	88.20	0.18
2008	1726.56	297.92	71.75	0.24	2193.82	335.37	87.91	0.17
2010	1762.36	337.82	74.67	0.26	2126.69	332.91	87.37	0.18
2011	1759.41	336.57	74.45	0.26	2059.38	333.01	87.21	0.19
2012	1753.55	339.39	73.94	0.26	2020.63	326.86	85.24	0.19

注：(4) = (2)/[(1)×(3)/100]。

为了证实这一点，我们对城乡居民的热量摄入水平进行修正。从表 6-5 中可以看到，由于在外就餐数据的缺失，城市居民的热量摄入水平不到 1800 千卡/日，远低于国家制定的城乡居民热量摄入标准 2300 千卡/日[①]。因此，假定 2000~2012 年城乡居民的热量消费均达到国家制定的标准，那么根据相应年份的食品消费结构，我们可以测算出城乡居民人均最终粮食消费量（见表 6-

---

① 《国务院办公厅关于印发中国食物与营养发展纲要（2014~2020 年）的通知》（国发办〔2014〕3号）中的营养素发展目标明确提出，到 2020 年全国人均每日摄入能量 2200~2300 千卡。

5)。从结果可以看出：①城市居民有更强的粮食消费潜能。为获得相同的热量摄入，城市居民的食品消费结构比农村需要更多的粮食。②当食品消费结构稳定时，热量需求是决定最终粮食需求的关键因素。③采用单位热量的最终粮食需求指标，比直接观察城镇化率对人均粮食消费的影响更有效。从表6－4的结果可以看出：2000～2012年，城乡居民各自的单位热量所需粮食变化幅度在0.2千克/千卡左右。而粮食消费波动范围最大值接近44千克，而中国的城镇化率年增1个百分点，结果容易导致高估城镇化本身对粮食需求的影响。

表6－5 城乡居民的粮食最终消费进行修正 单位：千克/年

年份	城市			农村		
	原值	修正值	差额	原值	修正值	差额
2000	312.41	427.11	114.70	370.69	328.03	-42.66
2001	304.12	421.10	116.99	360.25	335.08	-25.17
2002	328.14	439.76	111.62	361.63	336.94	-24.69
2003	336.51	441.82	105.31	350.90	347.65	-3.25
2004	315.11	427.05	111.94	344.27	350.82	6.55
2005	326.48	438.18	111.70	353.74	358.03	4.29
2006	324.26	436.28	112.03	352.23	360.96	8.73
2007	325.30	432.03	106.73	337.71	355.31	17.60
2008	297.92	396.87	98.95	335.37	351.60	16.23
2010	337.82	440.88	103.06	332.91	360.04	27.13
2011	336.57	439.98	103.41	333.01	371.92	38.91
2012	339.39	445.15	105.76	326.86	372.06	45.19

注：差额＝修正值－原值，其中原值为表6－4中的"人均最终粮食消费量（千克/年）"。

6.4 城镇化对粮食总需求及结构影响的分析与预测

在30多年高速的经济增长过程中，中国城乡居民消费的食品结构有了很大的调整。这表现在两个方面：一是每日所需的营养源多样化，谷物和畜产品在热量总供给中的比重有所下降；二是在居民的粮食消费中，口粮消费下降很快，但畜产品消费的增加推动粮食总消费的上涨。结合中国城乡居民的食品消费结构可以看出：城镇居民消费粮食的水平要高于农村。换句话说，当越来越多的农村人口转向城市，饮食习惯和食品消费结构开始与城市居民相同，中国未来人均的粮食消费总量也将持续增加。

2013年中国的城镇化率为53.7%，如果在2030年时达到75%，不考虑人口增长的情况下，按照2300千卡/日的人均日热量摄入标准，以及2012年城乡居民的饮食习惯，将意味着人均粮食消费增加15.57公斤/年［表6-5中的修正值(445.15 – 372.06) × (75% – 53.7%) = 15.57］，而粮食消费总量增长3.8%［15.57/(445.15×0.537 + 372.06×0.463) = 3.8%］。按照2014年粮食总产量60709.9万吨为基础年份的粮食消费数据，那么，到2030年时75%的城镇化水平意味着粮食需求增加约为2307万吨。目前，中国人口自然增长率不到5‰，即使未来生育政策全面放开，城镇化率和人口增长的综合作用使得粮食消费增长幅度不超过5%，可见，中国未来粮食需求总量增长空间并不大。

6.5 小结

食品消费结构是确定粮食需求水平的关键因素，而人口结构变化是决定粮食需求趋势的决定因素。在城镇化过程中，农村人口的食品消费结构逐渐向城镇居民趋同，这意味着全国人均粮食需求的提高。根据简单的测算，如果按照人均2300千卡的日热量消费水平，和2012年的城镇居民消费结构，那么每个农村人口将多消费15公斤的粮食。如果到2030年城镇化水平达到75%，人口规模不变，那么粮食总量需求将增加3.8%。目前，中国的人口自然增长率不到0.5%，即使全面放开计划生育政策，全国总的粮食需求增长水平也很难达到5%。由此可见，城镇化对粮食需求增长的作用有限。

第7章 中国粮食消费预测

粮食消费总量等于人均粮食消费量和人口总量的乘积。前文的研究告诉我们：除了传统的收入经济因素影响人均的粮食消费能力外，人口结构和职业结构的变化也会对人均粮食消费量产生影响。因此以往简单地考虑经济因素变化所进行的粮食消费分析预测存在一定的缺陷，本章拟在上述研究基础上，通过对我国未来的人口结构等进行预测，来进一步考察我国未来的粮食消费，以此对现有的研究进行补充。

值得肯定的是，无论是人口还是职业结构，其对粮食需求的影响都是通过影响人体生理和物理需求能力来发挥作用的；且第四章和第五章对两种因素对人均热量消费的影响做了实证分析。从分析结果来看，两者都对人均粮食消费能力有正向影响。虽然，职业结构调整因产业内部劳动强度的下降以及不同行业工作人口比重的变化对人均粮食存在正向影响，但是同人口结构因素相比，一方面，其对热量摄入的影响较小，另一方面，从预测的角度来看，对某行业的可容纳人数以及实际工作人数很难进行数量分析预测。

未来我国人口结构变化对我国粮食需求预测到底有多大程度的影响呢？这是本章的主要内容。本章利用年龄推移法对我国 2010~2050 年的人口结构做个简单的预测，通过对比考虑人口结构和不考虑人口结构变化情况下我国未来粮食需求的预测结果，指出人口变迁过程中因结构变化对未来粮食需求的影响。

7.1 中国人口预测

人口数据深入经济和社会生活发展各个领域。人口规模与结构数据往往服务于一个国家或地区制定发展政策、实施社会项目。获得及时、准确的人口数据需要依赖对人口变化的监测，而制定发展战略和评估发展目标需要依赖对未来人口可能的发展趋势进行估计与预测。近代由于科学技术的发展，生产水平的提高，社会经济运行日趋复杂化，人口数量、结构和质量对当前和今后的社会经济发展起着重要的作用。因此有关人口信息历来受各国政府的重视。

20世纪以前统计学还不够发达,同时也因为缺乏人口详细的信息,所以通常的做法是粗糙地估计人口总量翻一番所需要的时间,最简单的做法是用70/(人口增长率的百分点)来估计。例如,若人口的增长率为1.4%或14‰,则人口翻一番的时间为70/1.4=50年。19世纪开始才运用了一些函数进行估计。

对于人口预测的价值有两种不同的观点:一是认为人口预测结果往往同实际情况相左,其结果意义不大甚至是有害的。代表人物是斯彭格列。的确,最常被当作经典犯错的例子是17世纪末英国统计学家格利高里·金的预测,其假定当时的人口增长率保持稳定,则到18世纪英国总人口为800万人,但实际人口已经超过5000万人,比他的预测多了6倍。二是认为人口预测可以给出正确的人口发展趋势。其理由在于:人口实际情况同预测值之间的差距推动了因素法在人口预测值中的作用。如在预测期中发生严重的自然灾害——饥荒、地震、流行病等或是战争等人祸。预测和实际值的差就能够反映出因意外事件对人口增长的影响。

诚如著名的人口数学家南希·格弗兹所说:"要预测一个地区20年以后的人口就和预测20年后是否发生地震一样。"要像机械化系统一样准确地预测未来的人口变化是不可能的,因为有很多影响人口变化的因素,这些因素的不确定性就决定了人口预测的出人意料。但是本书研究不需要对人口精确的预测,我们通过模拟未来的人口结构情况就可以分析我国的粮食需求范围,从而对国家未来的粮食安全计划提供政策建议。

7.1.1 人口预测方法

人口预测的方法总体上有两种:人口总量估计法和年龄移算法。

1. 人口总量估计方法

人口总量估计方法假设总的人口变化规律符合一定的数学公式,预测时可以从已知的人口数按照公式推出所求的人口数。常用的数学方法有如下几种(张羚广等,2006):

(1)线性方程:$P_t = (1 + rt)P_0$。

(2)几何增长公式:$P_t = (1 + r)^t P_0$。

(3)指数增长公式:$P_t = \exp(rt) P_0$。

(4)修正指数方程:$P_t = a + be^t$。

(5)劳杰斯蒂曲线:$P_t = \dfrac{k}{1 + \exp(a + bt)}$。

(6)玛克汉曲线:$P_t = \log(a + be^t)$。

(7) 刚培兹曲线：$\ln P_t = \ln a + e^t \ln b$。

(8) N 次方程：$P_t = a_0 + a_1 t + a_2 t^2 + a_3 t^3 + \cdots + a_n t^n$。

(9) 自回归方程：$P_t = a_1 P_{t-1} + a_2 P_{t-2} + \cdots + a_n P_{t-n}$。

其中，P_t 表示 t 年总人口，t 表示时间，r 表示人口增长率，a、b、k 均为系数（根据人口的历史数据，利用方程求解）。

在这些模型中，最简单直观的是线性方程和几何增长模型，而且在做简单的估计时也较方便。此外，统计学或是自然科学中用自回归模型的人也相对较多（韩玉涛等，2011；朱兴造、庞飞宇，2009）。从最终预测的结果来看，在没有未来实际数据的情况下，很难说哪种方法好。因此，在具体计算时，通常适用的原则是要根据观察人口历史数据的变化规律选择相应的数学公式。

2. 年龄移算法

在人口预测过程中，总量预测虽然能够告知人口规模，但是却无法告知人口结构状况。而经济活动在未来的变化受到人口结构的影响。如人口中劳动力是社会经济的主要动力，但不是所有的人都能成为劳动力，如婴儿、年迈的老人和残疾人。另外，经济的发展是为了提供更好的福利，如少年儿童的教育投资、国家公共投资、老年人福利保障，而这些福利的额度取决于保障人口的数量。因此总量估计在这里并不适用。最简单的人口动态预测模型如下：

$$P_t = P_0 + B - D - E + I$$

式中，P_t 表示 t 年人口，P_0 表示 t = 0 时刻的人口；B 表示 0~t 时期内出生的人口；D 表示该时期死亡人数；I、E 分别表示同期内迁入和迁出的人口。这一平衡方程也可以用于各年龄组。

在不考虑人口迁移的情况下，每一年龄组的人口是年龄小一岁人口的方程。因此，所谓的年龄移算法其基本的思路是某年 x 岁的人口乘以从 x 岁到 x+1 岁的存活率就等于下一年 x+1 岁的人口数，依次类推可以得到下一年的 x+2 岁的人口数。具体公式表示如下：

$$p_{1,t} = r p_{0,(t-1)}$$

$$\cdots$$

依次类推，$p_{(x+1)t} = r p_{x(t-1)}$

式中，$p_{x,t}$ 表示 t 年 x 岁人口的数量，r 表示 x 岁年龄人口存活到 x+1 岁的概率。

要得到完整的未来各年分年龄人口，在具体的计算时还必须预测出各年的新出生人口，这也是年龄预测中最重要的部分。其预测过程包含两部分：一是出生人口的预测（如果以 0 岁作为时点指标，代表某一实点上未达到 1 岁的人口数）；二是用出生人口数来推算 0 岁的总人口数（这里包含着新生儿的死亡情况）。

出生人口的预测以及新生儿的死亡概率都是随时间变化的参数。而出生率的变化通常是用总和生育率表示，其不受年龄结构的影响，基本可以反映妇女的生育水平，可以用来对新出生的孩子进行预测。同生育率相比，死亡概率的变化相对缓慢，可以在实际计算中利用分年龄的死亡率。

7.1.2 本研究的人口模拟结果

在本节的人口预测中，我们采用年龄推移的方法对未来我国的人口规模和人口结构进行分析，具体的人口预测数量模型如下：

1. 人口预测的数理模型及假设

为建立人口的预测模型，给出如下假设：①中国未来社会经济发展稳定，在无较大的战争、流行病等情况下，生育率不会出现大的波动；②假定国内迁出和迁入的人口数相等；③生育和死亡结构不会发生显著变化；④人口的年龄上限为90岁。

以各年龄性别人口数为基础，年龄从0岁到90岁的男性人口数表示为：

$M_t = \{m_{0t}, m_{1t}, m_{2t}, \cdots, m_{90t}\}$

年龄从0岁到90岁的女性人口数表示为：

$F_t = \{f_{0t}, f_{1t}, f_{2t}, \cdots, f_{90t}\}$

其中，M_t 和 F_t 分别表示 t 年年龄为 i 的男性和女性的人口数。

根据年龄推移的基本思路：某年 i 岁人口数乘以从 i 岁存活到 i+1 岁就等于下一年的 i+1 岁的人口数，依次类推。则人口预测公式表示为：

男性：

$$M_{t+1} = M_t \times S_{it} = M_t \times \begin{bmatrix} 0 & s_{0t} & 0 & \cdots & 0 \\ 0 & 0 & s_{1t} & \cdots & 0 \\ & & & \vdots & \\ 0 & 0 & 0 & \cdots & s_{89t} \\ 0 & 0 & 0 & \cdots & s_{90t} \end{bmatrix} + S_{bt}$$

女性：

$$F_{t+1} = F_t \times X_{it} = F_t \times \begin{bmatrix} 0 & x_{0t} & 0 & \cdots & 0 \\ 0 & 0 & x_{1t} & \cdots & 0 \\ & & & \vdots & \\ 0 & 0 & 0 & \cdots & x_{89t} \\ 0 & 0 & 0 & \cdots & x_{90t} \end{bmatrix} + X_{bt}$$

其中，S_{it} 和 X_{it} 分别表示男性和女性 t 年时 i 岁人口的存活概率。S_{bt} 和 X_{bt} 分别表示男性和女性的新生人口。

存活概率是根据对应人口的死亡概率求得的,新生人口是用处于育龄女性的人口和平均生育率计算的。一年的新生人口为 $Z_t = \sum_{i=15}^{49} w_i(t) \times g_{it}$,其中 $w_i(t)$ 和 g_{it} 分别表示年龄 i 妇女的生育率和妇女人口数。新生儿男女比根据以往的性别比进行推算。

$M_0 = \varphi Z_t$

$F_0 = (1 - \varphi) Z_t$

式中,M_0、F_0 分别表示新出生的男孩、女孩的人口数,φ 表示新生儿中男孩的概率。

2. 数据及预测方法

本书采用的人口年龄结构预测利用了中国社会科学院人口所王广州提供的中国人口预测系统(CPPS)方法。根据本书的分年龄性别结构的人口预测方法可以看出,未来的人口结构预测依赖对未来生育等的假设。虽然我国老龄化程度加深,但我国各省份开始逐步放开"二胎"政策,这不仅会对未来中国的人口在总量上的增长产生影响,同时也会对未来的人口结构作出反应。因此,本节选择两种方案对我国 2010~2050 年的人口数和相应年龄结构数进行预测。

在人口预测假设方案中,主要考虑生育方案、预期寿命和新生儿性别比三个因素。在证实了人口结构对粮食需求产生影响之后,未来的粮食需求预测就需要考虑我国未来人口结构的变化。因此根据分年龄的人口预测模型,我们需要对生育率、预期寿命和新生儿性别比进行预设。

在生育率方面,虽然 2000 年人口普查数据显示总和生育率为 1.22,但大量的学者研究表明这一数值被低估了(于学军,2002;夏乐平,2005;陈卫,2006)。为此,本书在人口模拟中进行调整,假定 2000 年的总和生育率设定为 1.60。随着越来越多的独生子女进入生育年龄,考虑到夫妻两人均为独生子女的可以生育第二个孩子,因此预计 2009 年以后的生育水平有所回升。预测方案假定总和生育率将从 2000 年的 1.60 上升到 2009 年的 1.80,此后保持不变。

在预期寿命以及新生儿性别比设定方面,根据国家统计数据显示,我国 2000 年男性人口的平均预期寿命为 69.84 岁、女性为 73.40 岁。利用 2009 年的人口抽样调查计算出我国男性的预期寿命为 76.95 岁、女性为 81.59 岁,假定预期寿命自 2009 年起保持不变。根据 2009 年 0~8 岁男女生的性别比,2001 年的性别比为 119:100,到 2009 年为 120.21:100,此后保持不变。

3. 模拟结果

(1)模拟的可信度。本预测以 2000 年第五次人口普查数据为基础,涵盖分年龄的人口性别结构、分年龄的妇女生育率以及分年龄的死亡率数据。利用 2000 年的数据先预测到 2009 年的人口结构情况,然后根据 2009 年全国的人口抽样调查数据进行调整,在此基础上以 2009 年的分年龄性别的人口数据往后推算预测 2010~2050 年的人口。

据此,以 2000 年的人口普查数据为基础,推测了 2009 年的人口情况,模拟的人口总数为 133739 万人同国家统计局公布的数据 133747 万人接近,误差范围 0.0599‰;且从总的人口结构趋势来看,各年龄人口的模拟情况良好(见图 7 - 1)。

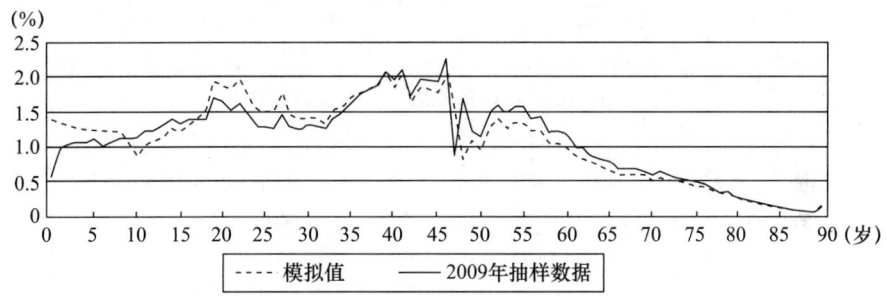

图 7 - 1　2009 年全国人口抽样数据与模拟值的比较

(2)模拟的结果。据本书的模拟结果可以看到,我国人口增长自 2029 年开始出现负增长。人口总量将在 2030 年达到峰值,为 14.57 亿人。在我国人口总量开始下降的同时,我国 0~14 岁人口的比重也出现波动,从表 7 - 1 可以看到,该年龄阶段的人口比重在未来 10 年里有小幅上升,在 2017 年以后开始下降,大概下降 5 个百分点,而在 2038 年之后开始有小幅度上升,其占总人口的比例维持在 14.2% 左右。

未来我国 65 岁及以上的人口占总人口的比重会越来越高,老龄化程度的加剧在没有改变生育模式的情况下是无法逆转的。从表 7 - 1 可以看到,我国老年人口的比重将从 2010 年的 9.33% 上升到 2050 年的 26.75%,由于 2050 年时的人口总量几乎和 2010 年的相同,则表示我国老年人口的绝对数量将翻一倍多。

社会医疗服务的改善,使预期寿命延长,我国老年人口的比重将进一步提高。老年人口比重的增加意味着社会负担系数的迅速增加。图 7 - 2 显示出我国 2010~2050 年的总抚养比呈上升趋势,且上升的速度在 2030 年之后进一步提高。总社会抚养比的提高不是由新出生的人口造成的,而是老年人健康寿命的延长导致的。根据表 7 - 1 的预测结果显示:我国未来的总抚养系数从 2010 年的 37.17% 上升到 2050 年的 68.92%;而对应时期内儿童抚养系数仅从 24.4% 变化到 23.7%。儿童抚养系数的相对稳定,则意味着我国高的负担系数是由于老年人增多导致的。

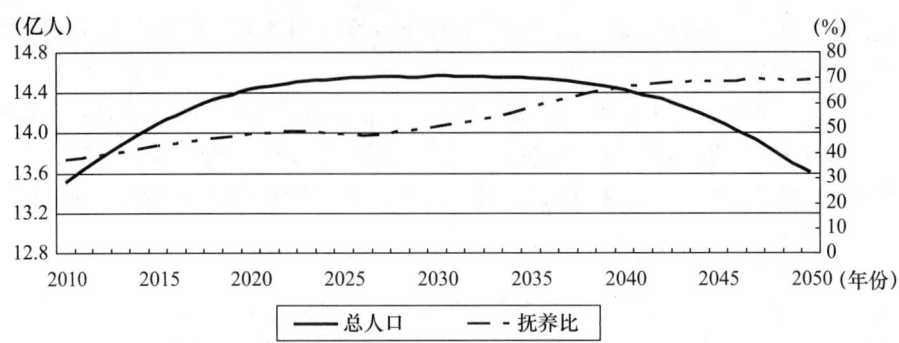

图 7-2 2010~2050 年总人口和抚养比情况

经济活动人口对一个国家和地区的经济繁荣有正向影响。但是根据预测,我国未来的人口中 15~65 岁人口比重在不断下降。15~65 岁人口比重将从 2010 年的 72.90% 下降到 2050 年的 59.20%(见表 7-1)。在没有未来的实际数据时,这一结果仅仅作为未来人口结构的参考。但是从劳动人口数量的相对下降中可以看到:我国老龄化以及高抚养比的趋势是存在的。因此,对老年人口的养老、医疗服务等的社会支出也进一步加大,同时也意味着经济结构要做进一步的调整,中国未来的服务业需求将会进一步扩大。

表 7-1 2010~2050 年我国人口结构预测结果

年份	总人口 (百万人)	0~14 岁 (%)	15~64 岁 (%)	65 岁及以上 (%)	抚养比 (%)	人口自然增长率 (%)
2010	1350.47	17.77	72.90	9.33	37.17	1.18
2011	1362.92	17.90	72.50	9.60	37.94	0.92
2012	1375.48	18.10	71.97	9.93	38.94	0.92
2013	1387.28	18.31	71.44	10.24	39.97	0.86
2014	1398.64	18.68	70.64	10.68	41.57	0.82
2015	1408.88	18.85	70.01	11.14	42.84	0.73
2016	1417.60	18.82	69.64	11.54	43.59	0.62
2017	1425.72	18.74	69.13	12.13	44.65	0.57
2018	1432.85	18.61	68.72	12.68	45.53	0.50
2019	1437.92	18.44	68.30	13.26	46.42	0.35

续表

年份	总人口 (百万人)	0~14岁 (%)	15~64岁 (%)	65岁及以上 (%)	抚养比 (%)	人口自然增长率 (%)
2020	1443.45	18.20	67.88	13.93	47.33	0.39
2021	1446.07	17.92	67.69	14.38	47.73	0.18
2022	1449.26	17.58	67.41	15.01	48.34	0.22
2023	1451.83	17.19	67.32	15.49	48.55	0.18
2024	1452.96	16.76	67.59	15.65	47.96	0.08
2025	1454.45	16.31	67.76	15.93	47.58	0.10
2026	1455.41	15.85	68.17	15.98	46.68	0.07
2027	1455.69	15.40	68.02	16.58	47.01	0.02
2028	1456.30	14.97	67.41	17.62	48.35	0.04
2029	1455.58	14.60	67.06	18.34	49.12	-0.05
2030	1456.80	14.27	66.54	19.19	50.30	0.08
2031	1456.29	14.03	66.04	19.93	51.42	-0.03
2032	1455.83	13.87	65.68	20.45	52.25	-0.03
2033	1455.21	13.77	64.91	21.32	54.07	-0.04
2034	1455.06	13.74	64.23	22.03	55.70	-0.01
2035	1454.11	13.78	63.34	22.87	57.87	-0.07
2036	1453.07	13.87	62.60	23.52	59.73	-0.07
2037	1451.46	13.99	61.88	24.13	61.60	-0.11
2038	1448.87	14.14	61.25	24.61	63.26	-0.18
2039	1446.71	14.27	60.64	25.09	64.91	-0.15
2040	1443.00	14.40	60.20	25.39	66.10	-0.26
2041	1437.64	14.52	59.88	25.60	66.99	-0.37
2042	1433.88	14.58	59.66	25.76	67.60	-0.26
2043	1426.50	14.64	59.55	25.82	67.93	-0.51
2044	1420.22	14.64	59.39	25.97	68.39	-0.44
2045	1411.75	14.63	59.36	26.01	68.46	-0.60
2046	1401.83	14.58	59.36	26.06	68.47	-0.70
2047	1393.65	14.47	59.05	26.48	69.36	-0.58
2048	1382.17	14.36	59.11	26.52	69.16	-0.82
2049	1369.07	14.24	59.25	26.51	68.76	-0.95
2050	1360.55	14.05	59.20	26.75	68.92	-0.62

资料来源：历年《中国人口统计年鉴》。

预测结果显示：中国未来的老龄化程度很高，并会进一步加剧。这对中国政府未来的老年人社会保障体系提出了巨大的挑战。无论是从公共设施还是社会福利来看，如果中国的人口政策不调整，国家财政支老的比重就会加大。另外，从家庭的角度来看，独生子女婚配后组建自己的家庭，双方的老人肯定有一方不住在一起。这意味空巢老人不再是由于我国农村劳动力的迁移造成的，该现象也同样是我国人口政策的结果。

7.1.3 本书的人口模拟结果同已有模拟结果的比较

从现有的对我国未来人口预测的结果来看，大量的研究表明：

（1）从增长趋势来看，未来我国总人口仍会出现10多年持续性的增长，但人口的年增长率大概自2030年出现下降甚至出现人口负增长。例如，联合国2008年的人口预测结果中，低方案认为中国人口在2020年之后开始负增长。但这次人口普查的主要数据表明联合国的低方案预测也是过于乐观。因为联合国认为中国1995~2010年生育率稳定在1.8%，2010年总人口为13.54亿人。而第六次全国人口普查数据显示：2010年11月1日零时全国总人口为13.397亿人，与2000年第五次全国人口普查相比，10年增加7390万人，增长5.84%，年平均增长0.57%、年均增长人口739万人，比1990~2000年的年平均增长率1.07%下降0.5个百分点。可以预见，在未来20年中年均增长人口还会进一步下降。

2010年，中国人口与发展研究中心主任姜卫平在"人口研究前沿与展望国际研讨会"上指出，根据目前中国公布的总和生育率是1.6%~1.8%，利用PA-DIS系统按此预测，未来中国人口总量将会在2040年前后达到14.7亿人左右后开始减少，2050年将下降到14.5亿人左右。

（2）我国人口的总量估计存在差异。在2006年公布的《国家人口发展战略研究报告》中，研究专家们指出：如果现行计划生育政策保持不变，在我国总和生育率继续稳定在1.8左右的情况下，我国人口在未来30年还将净增2亿人左右。总人口将于2010年、2020年分别达到13.6亿人和14.5亿人，2033年前后达到峰值15亿人左右。如果从2005年起，在全国城乡全面开放生育二孩，到2050年峰值总人口将达到17.10亿~17.20亿人（《国家人口发展战略研究报告》）。而中国社会科学院人口与劳动经济研究所所长、博士蔡昉，近来也预测，2020年，中国人口将突破14亿人；2045年，人口达到峰值14.9亿人。

我们的预测结果同这些已有的研究结果相比差异并不大。首先，我们预测的我国未来人口总量最高约为14.6亿人。同其他结果相比，数值差异不大，本书的估计结果大概为其他估计值的平均水平。这一结果与我们在预测过程中运用的方法有密切的关系。同联合国甚至国内的其他预测相比，我们是假定分年龄育龄妇女的生育模式保持在 2009 年的水平不变，并通过各年龄的存活率对未来的人口结构和总量进行预计，因此并没有设计不同的生育方案进行比较。

其次，本章的研究目标在于比较考虑人口结构同不考虑人口结构变化的情况下，对我国未来粮食消费预测的差异到底有多大。因此，我们更关注我国未来的人口结构的变化，而非人口总量的变化。故本书中的人口预测方法相对简单，但是能得到我国未来分年龄性别人口的信息，对我国未来粮食需求的估计还有一定指导意义。

7.2 不同食品消费结构下粮食需求模拟

7.2.1 纳入人口结构因素的粮食需求预测模型

粮食消费总量是单个个体消费量的加总。用公式可以表达如下：

$$C_t = \sum_1^P c_{kt} = P_t c_t \tag{7-1}$$

式中，C_t 表示粮食消费总量；c_{kt} 表示第 k 个人的粮食消费水平；P 表示人口数；c_t 表示人均粮食消费水平。传统的人均粮食消费水平的分析往往关注收入、价格等经济因素变化的影响。而根据第 5 章和第 6 章的分析可以看到，人体生理结构的变化也会对粮食需求能力产生影响。

在既定的收入和价格条件下，因生理和物理需求能力的差异导致不同年龄性别人口的粮食消费。我们根据前文分析框架中介绍的标准消费概念，将其转化为可计算的等成人消费。通过给不同年龄性别人口配给不同的等消费系数，就可以构造出本书含有人口结构变化的粮食需求公式。

可以根据分年龄性别人口的热量需求值确定其他年龄性别对应的标准人消费权数①。以此将人口年龄结构引入到粮食需求函数中，则式（7-1）可以变形为：

$$C_t = P_t \times \sum_{i=0}^{90} sc_t \times \beta_i \times \frac{n_{it}}{P_t} = sc_t \times P_t \times AMES_t \left(= \sum_{i=0}^{90} \beta_i \frac{n_{it}}{P_t} \right) \tag{7-2}$$

将式（7-2）做进一步的变形可以得到人均粮食摄入水平同人口结构之间的关系：

---

① 可计算的消费权数年龄最小为 0 岁，最大为 90 岁。

$$c_t = \frac{C_t}{P_t} = sc_t \times AMES_t \left(= \sum_{i=0}^{90} \beta_i \frac{n_{it}}{P_t} \right)$$

$$\Delta c_t = \Delta sc_t + \Delta AMES_t$$

式中,sc_t 表示标准人粮食消费;β_i 表示年龄 i 的个体的标准人消费权数;n_{it} 表示年龄为 i 的人口数。同时,$P_t \times AMES_t \left(= \sum_{i=1}^{90} \beta_i \cdot \frac{n_{it}}{P_t} \right)$ 表示的是一个国家或地区全部转化为标准消费人的有效消费总人口。

7.2.2 食品消费结构情景

决定人均粮食消费的因素主要是:居民的收入水平、食品消费结构以及人口结构状况。本书提供两种食品消费结构,作为基础热量摄入 2387 千卡/日的膳食标准,提供未来人均粮食需求的范围。方案 1 根据 2009 年城镇居民调查,按照五等分收入以最高收入组的食品消费结构为标准。方案 2 根据 2014 年《中国食物和营养发展纲要 (2014~2020)》中确定的食品消费结构。

方案 1:

根据 2009 年城镇居民住户调查的数据显示,随着收入水平的提高,居民热量摄入中涉粮产品的比重将有所下降,但是因为畜产品消费的提高,最高收入组的粮食总消费达到 321.41 千克,比最低收入组高出 100 多千克。利用式 (7-5),我们计算出人均热量消费为 2387 千卡,在各收入组消费模式下的粮食最终需求如表 7-2 所示。结果显示,最高收入组的消费模式下人均的粮食需求为 403.99 千克。

表 7-2 2009 年城镇居民五等分收入组的食品消费结构

食品	最低 20%	中低 20%	中等 20%	中上 20%	最高 20%
谷物	75.46	82.99	88.87	91.79	91.42
薯类	9.32	9.98	11.49	11.75	12.11
猪肉	13.89	18.28	20.43	21.76	23.74
牛肉	2.04	2.56	2.80	3.29	3.60
肉制品	1.63	1.94	2.14	2.43	2.41
禽肉	6.26	8.91	10.27	11.21	13.22
蛋类	8.17	10.24	11.66	12.79	13.56
食用油	8.91	10.07	11.12	11.28	11.38
蔬菜	93.75	116.98	126.20	130.36	129.45

续表

食品	最低 20%	中低 20%	中等 20%	中上 20%	最高 20%
水果	31.99	51.99	59.80	65.63	72.62
牛奶	6.98	12.80	15.98	18.20	20.72
人均热量日摄入水平	1317.63	1569.15	1728.78	1812.53	1879.70
最终粮食消费	213.95	258.56	285.09	304.79	321.41
涉粮产品占热量源的百分比（%）	80.98	81.21	81.04	81.52	76.93
每单位热量的粮食消费量 $\sigma_{energy-grain}$（千克/千卡）	0.20	0.20	0.20	0.21	0.22
如果人均热量消费为2387千卡/日，所需的粮食消费量（千克/年）	386.60	387.70	386.88	408.64	403.99

注：本表根据2009年城镇居民收入调查数据汇总制成。

方案2：

2008年1月15日，国家卫生部发布《中国居民膳食指南（2007）》（以下简称《指南》），该《指南》对1997年指南进行了重大修订。针对我国居民营养与健康中"营养摄入不足与过剩同在、营养缺乏病与营养相关慢性病并存"的现实状况，以最新的科学数据为基础，论述了我国居民的营养需要及膳食中存在的主要问题，并提出了平衡膳食、合理营养的行动方案。

《指南》明确地指出我国居民的营养目标，并对我国国民营养和粮食及食品生产进行指导。新的膳食宝塔仍然分为五层，其中谷物食物位居底层，每人每天应摄入250~400克；蔬菜水果居第二层，每天应摄入300~500克和200~400克；鱼、禽、肉、蛋等动物性食物位于第三层，每天应摄入125~225克（鱼虾类50~100克，畜、禽肉50~75克，蛋类25~50克）；而奶类和豆制品合居第四层，每天应吃相当于鲜奶300克的奶类及奶制品和相当于干豆30~50克的大豆及其制品；第五层塔顶是烹调油，不超过25克或30克，食盐不超过6克。

根据国发办〔2014〕3号文件中关于中国居民食物消费量的目标，推行膳食结构多样化的健康消费模式，到2020年全国人均全面口粮消费135千克，食用植物油12千克，豆类13千克，肉类29千克，蛋类16千克，奶类36千克，水产品18千克，蔬菜140千克和水果60千克。同样，如果要达到发展纲要人均热量为2387千卡的话，那么按照食品消费目标，则最终人均粮食需求将达到438.78千克/年。

表7-3 中国食物与营养发展纲要(2014~2020年)居民食品消费目标结构

食品	人均消费 (千克/年)	热量转化率 (千卡/千克)	粮食折算率	每日热量 供应(千卡)	粮食消耗 (千克)	每100千卡热量所需 的粮食消耗(千克)
涉粮产品						
谷物	135	3050	1	1128.08	135.00	11.97
肉类	39	3345	4.6	357.41	179.40	50.19
蛋类	16	1770	3.6	77.59	57.60	74.24
鱼虾类	18	980	2	48.33	36.00	74.49
豆制品	13	2550	1	90.82	13.00	14.31
合计				1702.23	421.00	24.73%
非涉粮产品						
蔬菜	140	177.6		68.12		
奶类	36	600		59.18		
油料	12	9000		295.89		
水果	60	1003		164.88		
合计				2290.30		
热量源中涉粮产品的比重(%)				74.32%		
如果人均热量消费为2387千卡/日,所需粮食最终消费量则为438.78千克/年						

7.2.3 人口预测和其他参数设定

在食品消费结构稳定的情况下,人口结构和收入是影响人均粮食需求的两大因素。根据前文的研究结果,热量的收入弹性为0.42,假定中国未来的经济发展速度为7%,则相应的收入贡献的粮食需求增速为2.9%。

由于我们关注的是人口结构本身,因此在分析未来粮食总需求的时候以放入人口结构指数和不放入人口结构指数为对比。这里仅就人口进行预测,不涉及中高低的人口增长方案。预测的基本方案为,假定到2020年,中国的总和生育率达到2。理由在于,2.1是人口再生产率,此时人口总量能维持平衡,作为发达国家只有美国才如此。对中国而言,目前的生育率水平已经非常低,即使全面放开生育政策,未来生育率增长也很难恢复到再生产水平。因此,这里假定生育政策能推动中国未来生育水平的提高,于2020年达到2,并保持到2050年,以热量的人口结构弹性系数为0.6进行预测。

7.3 中国未来粮食消费

根据我们的人口预测,未来中国人口总量最高将达到14.57亿人,且老龄化程度进一步加深。根据前文对我国2010~2050年的人口结构模拟的结果,我国未来的有效人均粮食需求综合指数将会跟随老龄化趋势,出现大幅度下降。根据我们的等成人消费权数计算而得,未来我国有效的人均粮食消费权数呈显著下降趋势(见图7-3)。

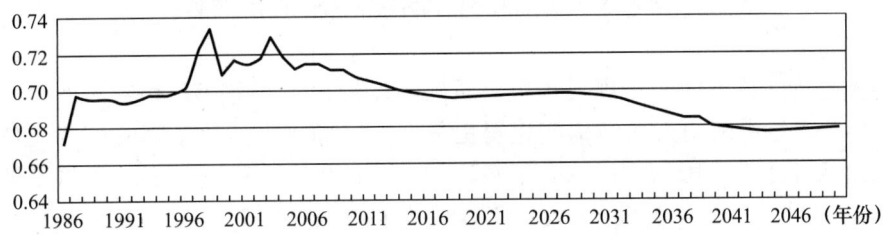

图7-3 1986~2050年我国有效人均粮食需求综合指数

根据一个标准成年人的粮食消费水平和未来我国的人口数量,下面对我国未来的粮食需求做个简单的预测。对比考虑和不考虑人口结构情况下的粮食估计可以看到:我国粮食消费总量在2010~2050年整体呈现先上升然后持续下降的趋势(见表7-3)。如果不考虑人口结构变化,我国人口总量增幅于2030年达到峰值,增长幅度为7.87%。然而,如果按照将所有人都转化为可计算的标准人之后,标准消费人口总量将于2030年之前达到峰值,增长幅度略小于实际人口增长率,增幅最高约为6.26%。人口结构的变化不仅表现在按标准人计算的总人口增长速度的放缓,还表现在其对未来的粮食总量消费预测估计上。

根据预测的人口总量和规模,中国2016~2050年的粮食总需求预测如图7-4所示。在两种食品消费结构下,人均粮食需求分别为403.99千克/年、438.78千克/年。在不考虑人口结构的情况下,根据人口总量和人均粮食消费获得粮食总需求显示:中国未来的粮食需求总量在6亿~6.5亿吨。粮食总需求随着中国人口总量在2030年左右达到峰值,之后开始下降。

在同种食品消费结构下,考虑人口结构的粮食总量预测比不考虑人口结构时出现大幅度波动。研究结果显示:2020~2028年,因为人口结构变化导致粮食

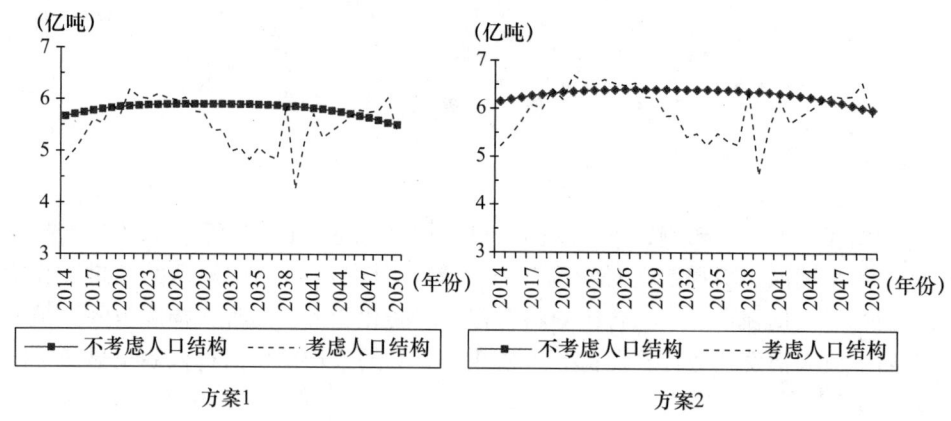

图 7-4 两种食品消费结构方案下的粮食需求预测

总需求远超过简单的人口规模效应，超出幅度最大为3179.51万吨。而到2030年以后，显然中国的人口结构变化得更复杂，以等成人指数核算的综合人口显示，2035年之后中国的人口综合指数剧烈波动，相应的粮食总需求也将剧烈变化。在2030~2045年大幅度剧烈波动且下降的情况下，2045年之后的粮食总需求水平再次超出传统的人口总量预测，且需求增加幅度最高达到4800万吨。

对中国而言，现阶段粮食总生产能力在6亿吨。按照人均438.79千克的标准，最高的粮食需求量将高出5000万吨，约占目前生产水平的8.3%。这意味着中国的粮食自给率仍会达到90%以上。应当注意的是，经济增长和人口总量并非中国未来的粮食安全问题的关键，而应是剧烈波动的人口结构导致粮食需求市场的剧烈波动。如果不注意中国粮食需求市场的这一变化，简单地采用促生产保需求的结果是无法对波动的需求市场进行反映的。现有的强制性计划生产体系，使得中央政府不得不提高粮食补贴，但同时也加剧了中国农产品在国际贸易中的竞争劣势。

7.4 小结

在过去的粮食需求预测中，人们往往关注人口总量增长而忽略人口结构变化对粮食需求的影响。本书通过引进标准人消费概念，将人口结构变化引入对未来中国粮食消费的模拟分析。本章仅仅关注人口结构变化对粮食需求的影响，没有考虑收入、价格和食品消费结构调整等因素。但是，即使考虑收入、价格等经济因素，不同年龄和性别人口的生理需求差异仍然存在，标准人的概念仍然适用，把不同年龄和性别人口统一折算成标准人的模型更加合理，特别是在人口结构变化很大的国家和地区。

从人口预测的结果来看，2010~2050年我国的人口总量将在2030年达到峰值，约为14.57亿人，随后出现下降；同时我国的老龄化程度进一步加强。社会总抚养比会从2009年的36.68%上升到2050年的68.92%。总人口的增长幅度在2030年达到峰值，同2010年相比增长7.87%。如果不考虑不同年龄性别人口消费差异的话，我国2030年的粮食消费总量将比2010年增加7.87%，随后出现下降，并于2050年恢复到2010年左右的消费水平。

中国未来的粮食需求总量在6亿~6.5亿吨。2020~2028年，因为人口结构变化导致粮食总需求远超过简单的人口规模效应，超出幅度最大为3179.51万吨。而到2030年以后，显然中国的人口结构变化得更复杂，以等成人指数核算的综合人口显示，2035年之后中国的人口综合指数剧烈波动，相应的粮食总需求也将剧烈变化。在2030~2045年大幅度剧烈波动且下降的情况下，2045年之后的粮食总需求水平再次超出传统的人口总量预测，且需求增加幅度最高达到4800万吨。由此可见，对中国而言，人口结构变化对中国粮食的影响程度远大于人口规模的作用。

第8章 人口政策调整对我国中长期粮食安全的影响

中国人口老龄化逐步加深，人口控制政策加快调整，2014年单独二孩政策实施后，2016年开始实施全面二孩政策。人口政策调整究竟在多大程度上提高生育率、人口出生率，是否能够有效缓解老龄化，目前仍然存在较大争论。但可以确定的是，人口政策调整不同于一般经济社会领域的改革，将带来中长期的影响。那么，中国正式全面放开二孩之后，究竟会释放出多少新增人口？将会增加多少粮食消费需求？粮食消费需求变化是否会影响中国未来粮食消费供需平衡？

本章将利用最新的全国人口抽样调查数据，预测全面二孩政策背景下中国未来（2016~2050年）人口总量和增量变化，以此为基础利用热量摄入与粮食消费量关系预测未来中国粮食消费需求变化，评估人口政策调整对于中国粮食消费需求和粮食安全的影响。

8.1 全面二孩政策后的中国人口估计

全面二孩政策下中国人口总量将在2025~2030年达到高峰。根据中国社会科学院人口与劳动经济研究所课题组最新预测显示（见图8-1），人口总量最早在2025年达到高峰，最迟也在2030年达到高峰，人口总量峰值在14.15亿~14.53亿人，即便在最乐观的高方案下，中国未来人口总量的极限值也不会明显超过14.5亿人。

全面二孩政策只能将人口总量高峰延迟3年左右。根据两种人口政策情景预测显示，不管是高、低方案，相对于单独二孩政策，全面二孩政策仅仅能够将中国人口总量高峰延缓3年，长期来看人口政策调整一定程度上有助于提高生育水平、增加人口总量，但对于延缓人口老龄化进程的作用有限。

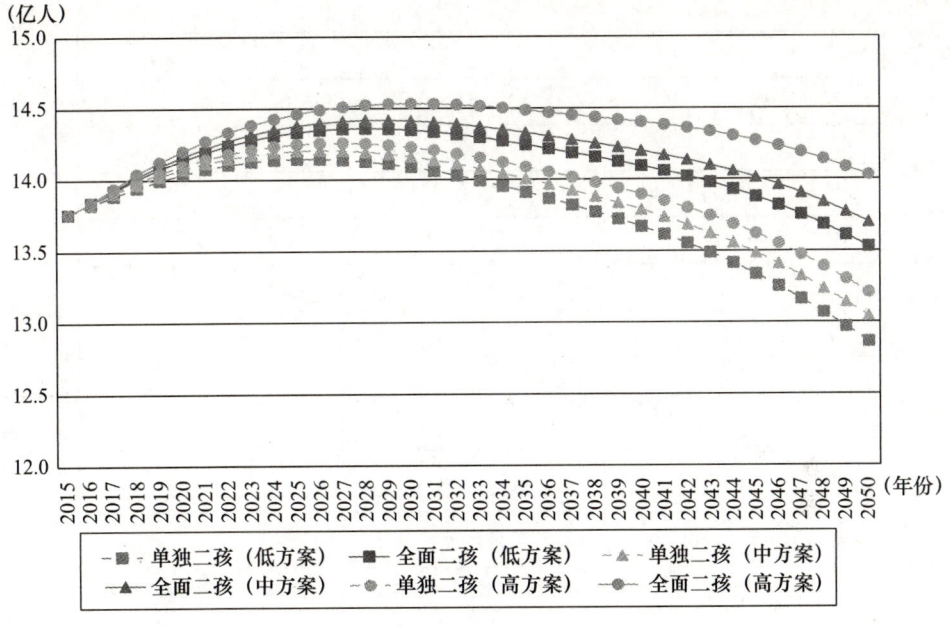

图 8-1 人口政策调整与中国未来人口总量预测

资料来源：根据中国社会科学院人口与劳动经济研究所课题组最新预测。

全面二孩政策到 2030 年将使人口累计增加约 3000 万人。人口政策存在长期的累积效应，政策调整之后生育率提高带来的新增人口将会长期累积在未来各个年份。相对于单独二孩政策情景，全面二孩政策导致的未来人口总量增加将随着时间推移逐步扩大。根据单独二孩政策与全面二孩政策两种情景模拟预测显示，到"十三五"期末人口总量变动将控制在 1000 万人之内，即 2020 年全面二孩政策将使中国总人口比单独二孩政策多出 1000 万人，到 2030 年左右人口总量变动达到 3000 万人，2050 年进一步增加到约 8000 万人（见图 8-2）。其中，低方案和中方案情景下由于人口政策调整带来的人口总量变动基本一致，高方案下人口总量变动幅度更大。这意味着人口政策调整对于人口总量和结构的变化将是一个长期的影响过程，对于经济社会发展和粮食消费需求的影响也是一个逐步渐进的过程。

"十三五"时期是全面二孩政策的人口堆积期，但每年净增人口基本控制在 350 万人以内。全面放开二孩政策调整将会在未来几年内出现人口堆积现象，根据预测显示，2018 年是人口堆积出生高峰期，不同方案下相对于单独二孩政策当年净增人口将达到 250 万~350 万人，"十三五"时期累计净增人口约 1000 万人。通常情况下人口堆积期不会太长，预计 2020 年之后进入平稳释放期，政策

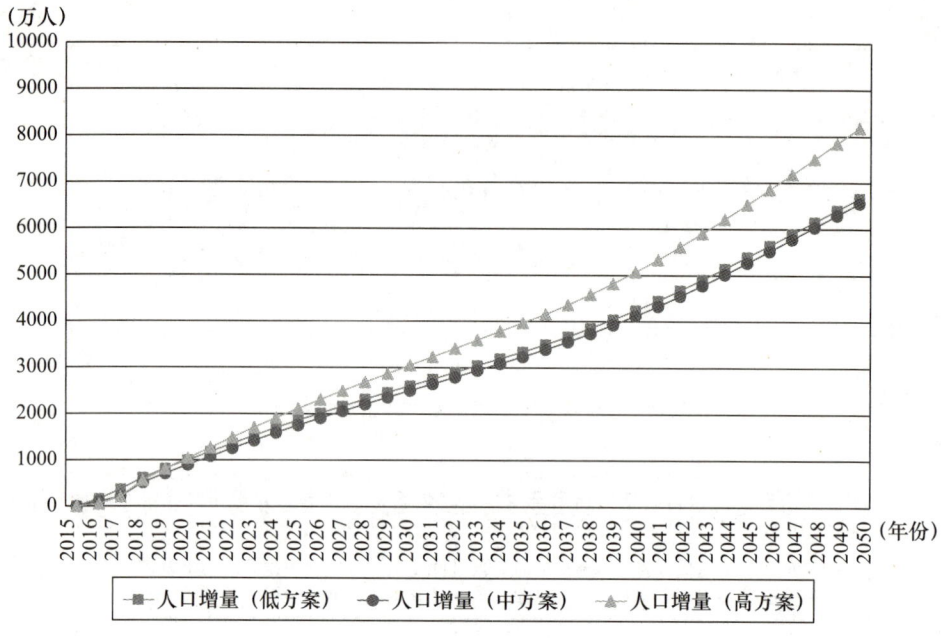

图 8-2 全面二孩政策带来的未来各年份人口总量变动

资料来源:根据中国社会科学院人口与劳动经济研究所课题组最新预测。

调整影响逐渐减弱,每年净增人口逐步减少到 150 万~180 万人,2016~2030 年累计净增人口达到 2500 万~3000 万人。但是,到 2035 年之后代际效应逐步显现,人口堆积期新增人口陆续进入到生育期,净增人口再次开始上升,每年净增人口 250 万~330 万人,2050 年之后逐步平稳,2016~2050 年累计净增人口达到 6500 万~8200 万人(见图 8-3 和表 8-1)。从长期来看,人口生育发展规律决定了人口政策调整将出现三个阶段,观察政策调整对于经济社会影响也需要考虑到阶段性特征。

表 8-1 全面二孩政策带来的未来人口累计净增量   单位:万人

时期	低方案	中方案	高方案
2016~2030 年累计净增	2609	2504	3052
2016~2040 年累计净增	4245	4125	5074
2016~2050 年累计净增	6664	6558	8184

资料来源:根据中国社会科学院人口与劳动经济研究所课题组最新预测。

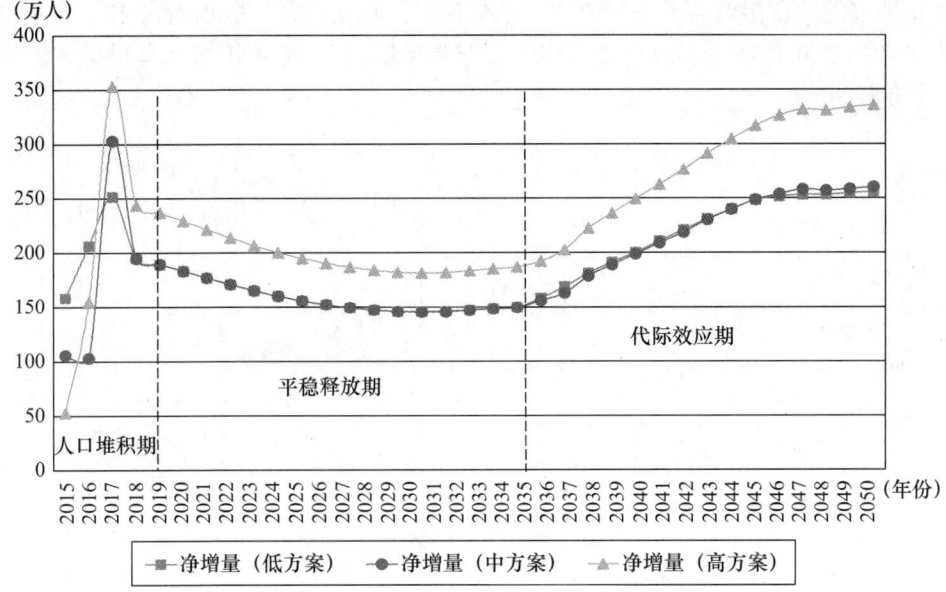

图 8-3　全面二孩政策带来的未来各年份人口净增量

资料来源：根据中国社会科学院人口与劳动经济研究所课题组最新预测。

8.2　全面二孩政策导致粮食需求估计

全面二孩政策下中国粮食消费需求将在2029~2030年达到高峰，粮食消费需求峰值在6.30亿吨左右。根据课题组预测估算显示，全面二孩政策下中国人口总量将在2025~2030年达到顶峰，粮食消费需求总量将在2029~2030年达到顶峰，不同方案下粮食消费需求总量在6.29亿~6.34亿吨，其中，中方案下粮食消费需求峰值为6.30亿吨。2030年之后随着人口总量减少和人口老龄化加深，粮食消费需求开始逐渐减少，预计2044年之后下降到6.0亿吨以下。

全面二孩政策只能将粮食消费需求高峰延迟2~3年，粮食消费需求峰值提高幅度不超过850万吨。根据两种人口政策情景预测显示，单独二孩政策下中国粮食消费需求峰值将出现在2026~2028年，不同方案下粮食消费需求总量在6.22亿~6.26亿吨，全面二孩政策仅仅能够将中国粮食消费需求高峰延缓不超过3年，人口政策调整仅仅使粮食消费需求峰值提高650万~850万吨。但是，人口政策调整将带来持久的影响，长期来看将会缓冲由于人口总量减少和人口老龄化带来的粮食消费需求下降速度，在单独二孩政策时，粮食消费需求最早将在2038年跌破6.0亿吨，而全面二孩政策下要延迟到2044年才能下降到6.0亿吨（见图8-4）。

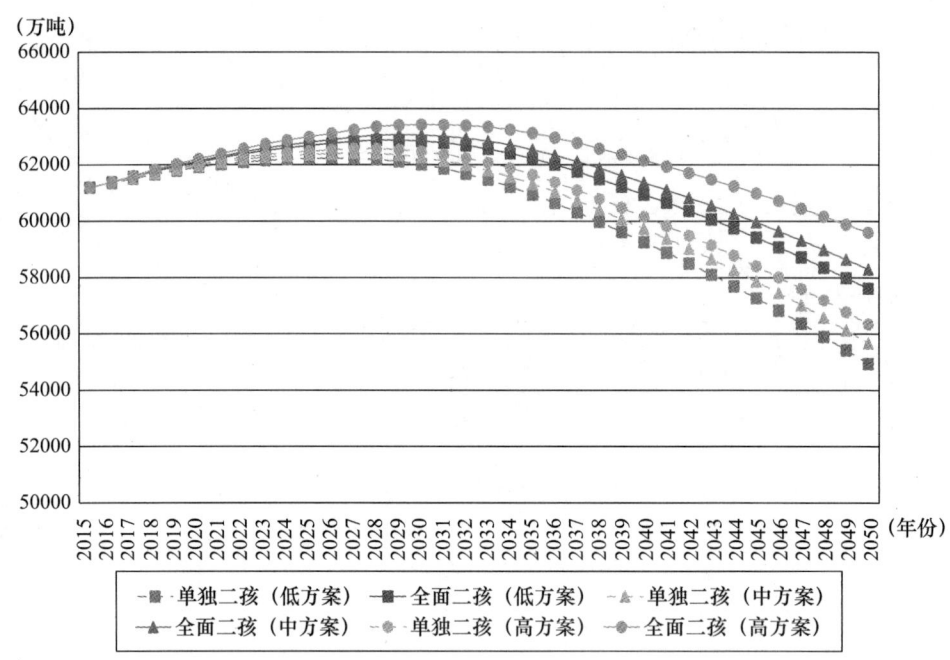

图8-4 人口政策调整与中国未来粮食消费需求总量预测

资料来源：根据中国社会科学院人口与劳动经济研究所课题组预测。

全面二孩政策中短期内不会对粮食消费需求产生显著影响，2030年之前每年新增粮食消费需求总量不超过1000万吨。尽管人口政策调整短期内会出现人口堆积现象，但新出生人口尚处于少儿阶段，热量和食物需求相对于成年人低，短期内对于粮食消费总需求不会造成太大冲击，2020年之前每年新增粮食消费需求不超过200万吨，相对于单独二孩政策下粮食消费需求增幅仅为0.3%，到2030年新增粮食消费需求也不超过1000万吨，需求增幅基本上控制在1.5%以内，总体上粮食消费需求变化对于人口政策调整短期并不敏感。

人口政策调整对于粮食消费需求影响将随着时间推移逐步增强，到2050年每年新增粮食消费需求总量将达到2600万~3300万吨（见图8-5）。粮食消费需求变化之所以中长期才能体现，主要由于两个方面因素：一是人口政策调整带来的影响具有累积性，每年新增人口在之后若干年份都需要消费粮食；二是新增人口尤其是人口堆积期新出生人口，短期内粮食消费需求较少，随着年龄增长需求量逐步增长，在若干年后进入成年阶段达到粮食消费需求高峰。根据预测估算显示，到2040年全面二孩政策将带来每年新增粮食消费需求总量达到1600万~2000万吨，粮食消费需求增幅为2.7%~3.3%，到2050年新增粮食消费需求最高将接近3300万吨，粮食消费需求增幅接近5.8%，从中长期来看人口政策调整带来粮食消费需求影响是值得充分关注的（见图8-6）。

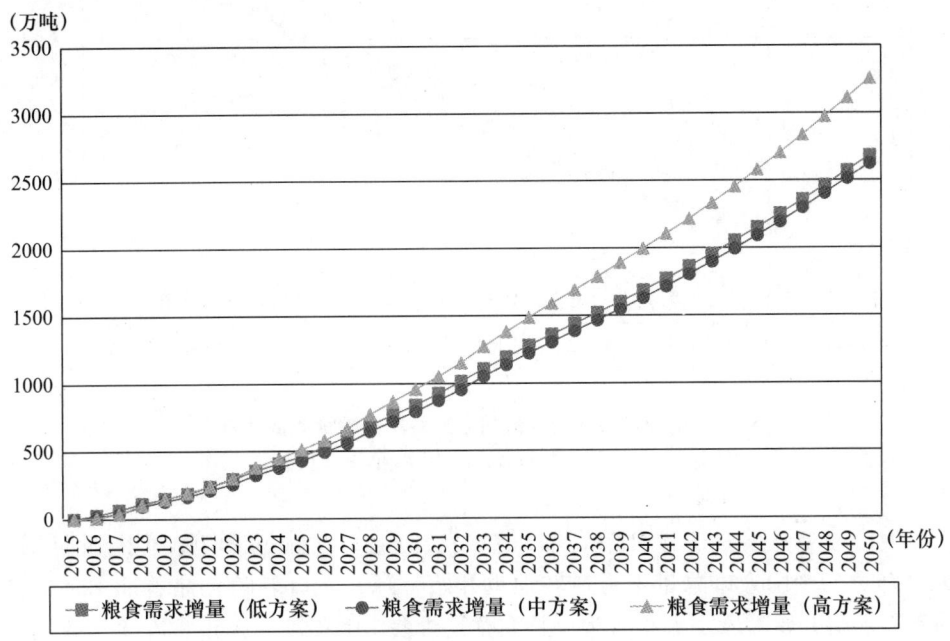

图8-5　全面二孩政策带来的未来各年份粮食消费需求增量

资料来源：根据中国社会科学院人口与劳动经济研究所课题组最新预测。

全面二孩政策到2030年累计粮食消费需求增量达到5200万~6200万吨，相当于当前年度粮食总产量的8.5%~10%。从中短期来看，人口政策调整对于中国粮食消费需求影响有限，即便在高方案下，2016~2030年累计新增粮食消费需求也只有6200万吨，仅相当于当前年度粮食总产量的10%。从中长期来看，人口政策的影响逐渐增强，到2040年全面二孩政策带来的累计新增粮食消费需求达到1.8亿~2.2亿吨，相当于当前年度粮食总产量的30%左右，到2050年政策调整带来的累计新增粮食消费需求增加到4.0亿~4.8亿吨，相当于当前年度粮食总产量的2/3~3/4。

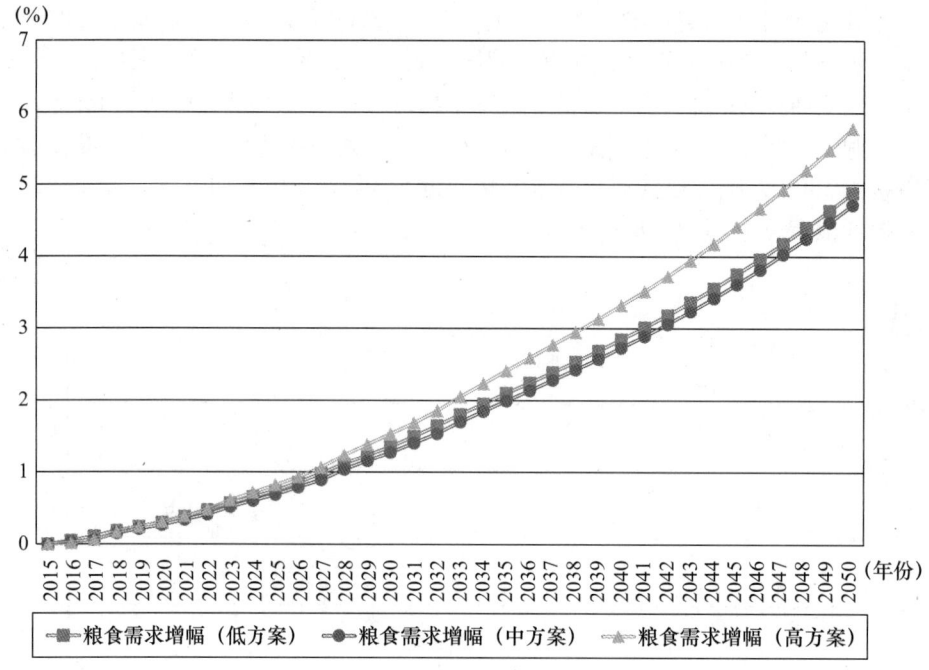

图 8-6 全面二孩政策带来的未来各年份粮食消费需求增幅

资料来源：根据中国社会科学院人口与劳动经济研究所课题组最新预测。

人口政策调整对于粮食消费需求在中长期会产生显著影响，但与此同时，2030 年之后中国人口总量不可逆转地也开始下降，人口老龄化显著加深，粮食消费需求将开始减少。人口政策调整究竟是否会影响中国未来粮食安全，我们有必要从供需两个角度综合观察全面二孩政策带来的深远影响（见表 8-2）。

表 8-2 全面二孩政策带来的未来粮食消费需求累计增量

时期	低方案（万吨）	中方案（万吨）	高方案（万吨）
2016~2030 年累计净增	5743	5255	6216
2016~2040 年累计净增	18879	17831	21525
2016~2050 年累计净增	41003	39374	48105
相当于当前年度粮食总产量的比重（%）			
2016~2030 年累计净增	9.3	8.5	10.0
2016~2040 年累计净增	30.5	28.8	34.7
2016~2050 年累计净增	66.1	63.5	77.6

资料来源：根据中国社会科学院人口与劳动经济研究所课题组最新预测。

8.3 人口政策调整对我国中长期粮食安全形势的基本判断

在预测未来粮食消费需求基础上，结合未来粮食供给状况观察粮食供需平衡变化，据此评估人口政策调整对于中国未来粮食安全产生的影响。未来粮食供给状况考虑三种不同情景：一是乐观情景，假定未来粮食供给能力能够达到刚刚过去的历史最高产量（即2015年的6.2亿吨）；二是平稳情景，也可以视为中间方案，假定未来粮食供给能力能够维持在"十二五"时期以来的平均产量（即6.0亿吨）；三是保守情景，假定未来粮食供给能力只能维持在目前规划设计的粮食综合生产能力（即5.5亿吨）。

8.3.1 乐观情景：参照历史最高产量

全面二孩政策将一定程度上加重未来粮食紧平衡状况，2025~2030年进入供需缺口最大阶段，供需缺口规模在900万~1500万吨。根据预测分析显示，在单独二孩政策下，6.2亿吨的历史最高产量基本可以确保未来粮食需求，即便高方案下最大供需缺口也不会超过600万吨。但是，全面二孩政策将提高粮食消费需求，未来粮食紧平衡形势将会阶段性显现，2020~2040年是一个紧平衡阶段，尤其2025~2030年是相对供需缺口最大阶段，缺口峰值出现在2029~2030年人口峰值阶段。供需缺口规模在900万~1500万吨，缺口率（缺口量相当于需求量的比重）为1.4%~2.4%，总体处在可控范围内，但仍然需要谨慎对待。2030年之后随着人口高峰过去，粮食消费需求逐渐减少，供需缺口逐渐消失并开始出现粮食结余，粮食安全的目标区间可以相应调整（见图8-7和图8-8）。

全面二孩政策下到2030年粮食供需缺口累计将达到5000万~8000万吨，到2040年供需缺口累计最高将接近1.8亿吨。单独二孩政策下未来粮食供需平衡状况良好，6.2亿吨的粮食供给能力完全能够确保粮食安全，即便高方案下2016~2030年供需缺口累计也仅有2200万吨。但是，全面二孩政策将延长供需缺口周期，加大供需缺口规模，到2030年最大供需缺口累计可能超过8000万吨，相当于历史最高产量的13.6%，到2040年最大供需缺口累计可能接近1.8亿吨，相当于历史最高产量的28.8%。当然，这种缺口规模并不足以对粮食安全构成严重威胁，供需缺口分摊到各年份也只有几百万吨，仍然在可控范围内。

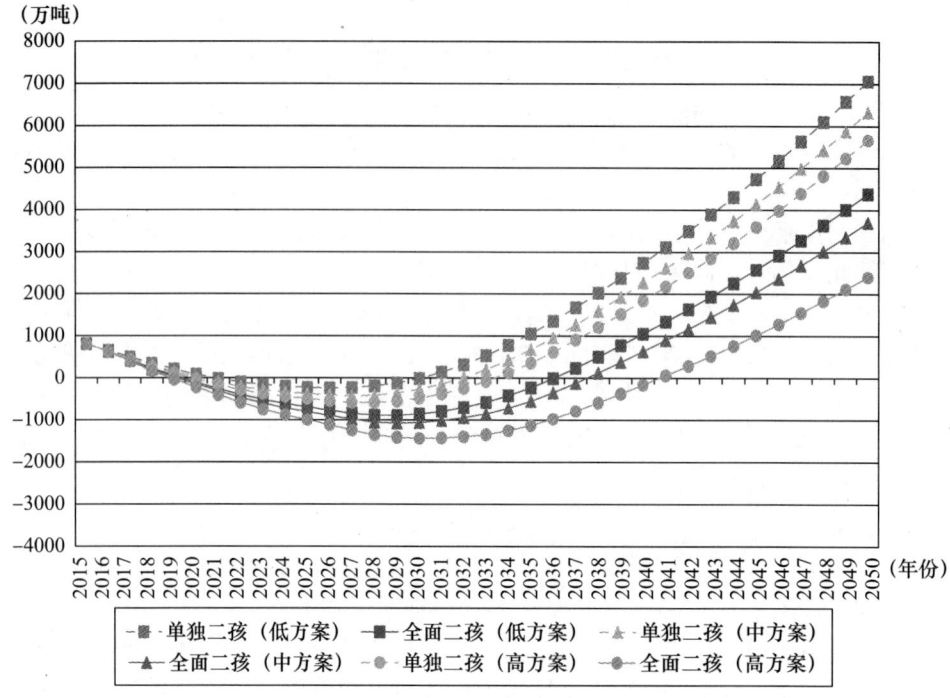

图8-7 人口政策调整与未来粮食供需平衡（参照历史最高产量）

资料来源：根据中国社会科学院人口与劳动经济研究所课题组最新预测。

表8-3 人口政策调整与未来粮食供需累计缺口（参照历史最高产量）

时期	单独二孩（万吨）			全面二孩（万吨）		
	低方案	中方案	高方案	低方案	中方案	高方案
2016~2030年累计	1109	-773	-2223	-4634	-6028	-8439
2016~2040年累计	14104	8391	3651	-4776	-9440	-17874
2016~2050年累计	64193	52333	42062	23189	12958	-6043
相当于2015年粮食总产量的比重（%）						
2016~2030年累计	1.8	-1.2	-3.6	-7.5	-9.7	-13.6
2016~2040年累计	22.7	13.5	5.9	-7.7	-15.2	-28.8
2016~2050年累计	103.5	84.4	67.8	37.4	20.9	-9.7

资料来源：根据中国社会科学院人口与劳动经济研究所课题组最新预测。

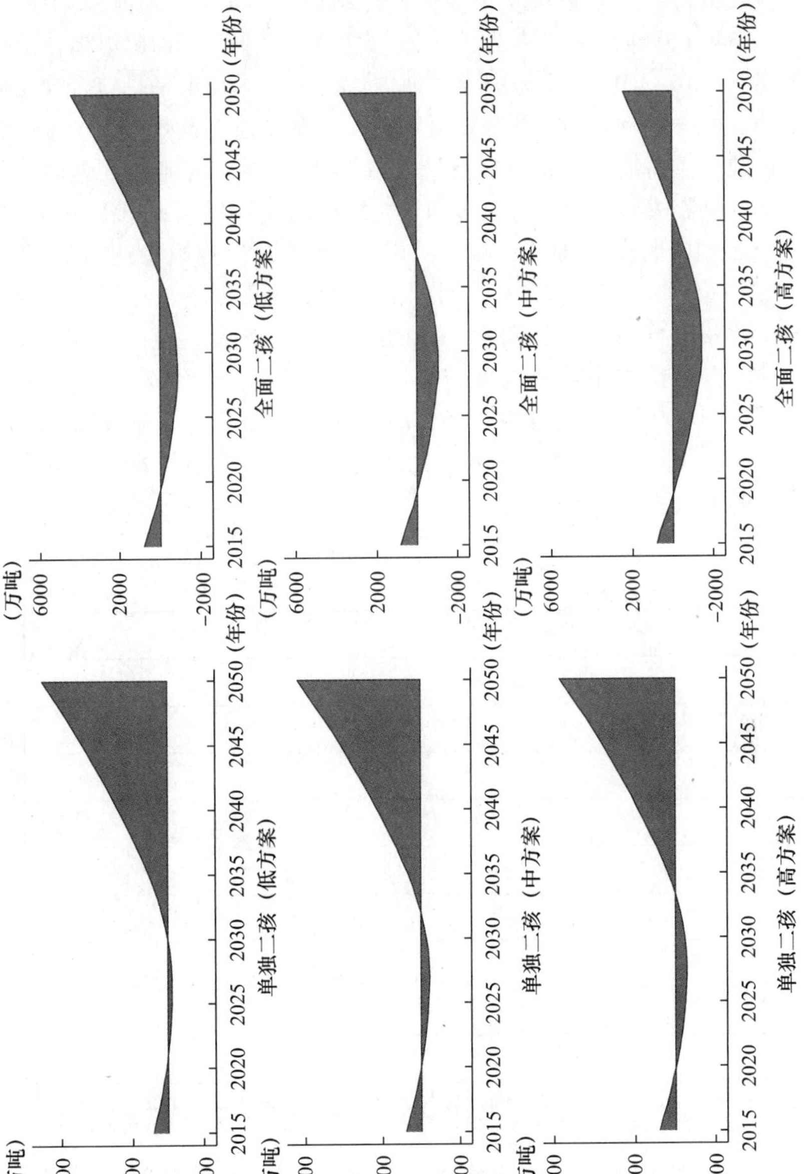

图 8-8 未来粮食供需平衡状况（参照历史最高产量）

资料来源：根据中国社会科学院人口与劳动经济研究所课题组最新预测。

8.3.2 平稳情景：参照"十二五"时期平均产量

全面二孩政策将加剧未来粮食供需失衡，2029～2030年供需缺口最高峰将达到2900万～3400万吨，缺口率为4.6%～5.4%。实际上2016年粮食总产量已经出现下降（6.16亿吨），未来一定时期内保持6.0亿吨水平是符合现实趋势和稳定预期的。根据这一方案预测分析显示，即便在单独二孩政策下，未来较长时期内将出现粮食供需缺口，缺口规模最高可能达到2500万吨。在全面二孩政策下，未来粮食供需失衡状况将进一步加重，缺口周期将延长到2045～2050年，2030年左右为最严峻时期（即缺口峰值阶段），当年缺口规模将达到2900万～3400万吨，缺口率为4.6%～5.4%，相对于单独二孩政策下，峰值阶段缺口规模将扩大800万～1000万吨（见图8-9和图8-10）。因此，全面二孩政策下维持6.0亿吨的粮食供给水平需要高度谨慎，未来几十年粮食供需处在紧平衡状态，部分年份将冲击95%的粮食自给率，尽管通过国际市场调节可以基本实现调控目标，但潜在风险将明显加剧，6.0亿吨的粮食总产量应该视为粮食供需平衡和粮食安全的警戒线。

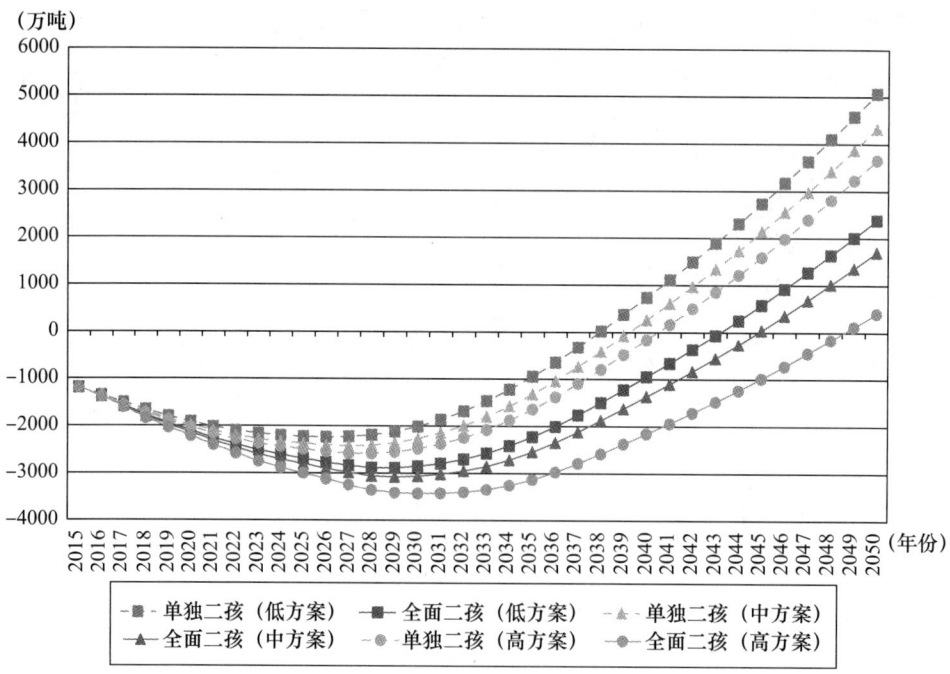

图8-9 人口政策调整与未来粮食供需平衡（参照预期稳定粮食产量）

资料来源：根据中国社会科学院人口与劳动经济研究所课题组最新预测。

第8章 人口政策调整对我国中长期粮食安全的影响

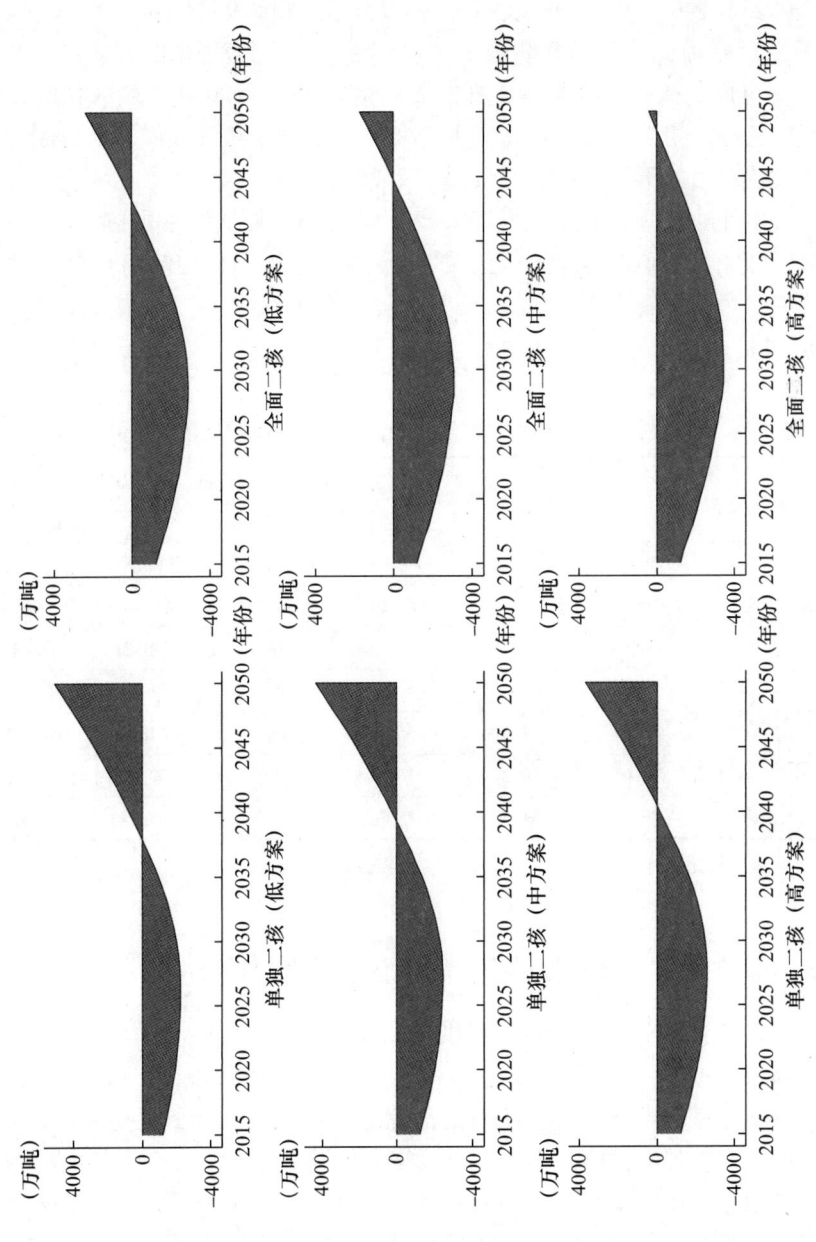

图 8-10 未来粮食供需平衡状况（参照预期稳定粮食产量）

资料来源：根据中国社会科学院人口与劳动经济研究所课题组最新预测。

全面二孩政策下到 2030 年粮食供需缺口累计将达到 3.6 亿~4.0 亿吨，到 2040 年缺口累计最高可能接近 7.0 亿吨，2050 年缺口累计最高可能达到 7.8 亿吨。单独二孩政策下 6.0 亿吨的粮食供给能力也无法保障粮食供需平衡，2016~2030 年供需缺口累计也将达到 3.0 亿~3.4 亿吨，相当于 2015 年历史最高产量的 50% 左右。全面二孩政策将明显加剧供需失衡状况，到 2030 年最大供需缺口累计超过 4.0 亿吨，相当于历史最高产量的 2/3，到 2040 年最大供需缺口累计可能接近 7.0 亿吨，相当于历史最高产量的 112.7%，2045 年之后才有可能出现完全供需平衡，累计缺口开始减少，但高方案下累计缺口将继续增加到 7.8 亿吨。这种缺口规模已经足以威胁粮食安全，即便分摊到各年份平均缺口规模也达到 2500 万吨左右，需要引起足够重视以确保粮食需求得到满足，消除粮食安全隐患（见表 8-4）。

表 8-4 政策调整与未来粮食供需累计缺口（参照预期稳定粮食产量）

时期	单独二孩（万吨）			全面二孩（万吨）		
	低方案	中方案	高方案	低方案	中方案	高方案
2016~2030 年累计	-30891	-32773	-34223	-36634	-38028	-40439
2016~2040 年累计	-37896	-43609	-48349	-56776	-61440	-69874
2016~2050 年累计	-7807	-19667	-29938	-48811	-59042	-78043
相当于 2015 年粮食总产量的比重（%）						
2016~2030 年累计	-49.8	-52.9	-55.2	-59.1	-61.3	-65.2
2016~2040 年累计	-61.1	-70.3	-78.0	-91.6	-99.1	-112.7
2016~2050 年累计	-12.6	-31.7	-48.3	-78.7	-95.2	-125.9

资料来源：根据中国社会科学院人口与劳动经济研究所课题组最新预测。

8.3.3 保守情景：参照规划粮食综合生产能力

全面二孩政策下将出现严峻的粮食供需缺口，预计 2029~2030 年供需缺口最高峰将达到 7800 万~8500 万吨，缺口率为 12.5%~13.3%。在保守情景下，若未来粮食总产量只能维持在当前规划粮食综合生产能力（即 5.5 亿吨），未来粮食需求将难以实现基本自给，不管人口政策如何调整，在未来几十年内都将出现较大程度的供需缺口，2029~2030 年供需平衡最紧张的时期缺口规模达到 7800 万~8500 万吨，缺口率（缺口量相当于需求量的比重）为 12.5%~13.3%，缺口量相当于粮食综合生产能力的 14.3%~15.3%。在单独二孩政策低方案情况下，到 2050 年才能基本实现供求平衡，而在全面二孩政策下，到 2050

年仍然还有2600万~4600万吨的缺口。因此,若没有豆类、薯类补充,仅仅依靠规划的5.5亿吨粮食综合生产能力将难以确保供求平衡,按照目前豆类、薯类占粮食总产量比重约8%为参考,5.5亿吨粮食综合生产能力意味着6.0亿吨的粮食总产量,未来粮食供需缺口尚在基本控制范围内,但完全依靠规划的粮食综合生产能力,中国未来粮食安全恐将无法保障(见图8-11和图8-12)。

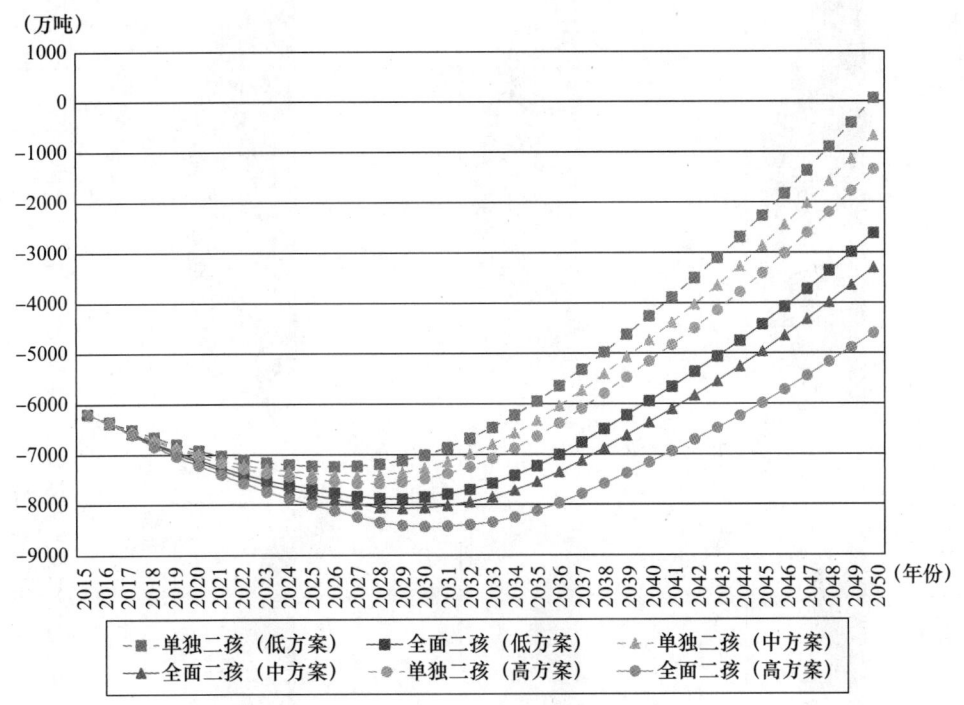

图8-11 人口政策调整与未来粮食供需平衡(参照规划粮食综合生产能力)
资料来源:根据中国社会科学院人口与劳动经济研究所课题组最新预测。

在保守情景下,全面二孩政策下到2030年粮食供需缺口累计将高达约12亿吨、到2040年缺口累计将接近20.0亿吨、2050年缺口累计最高可能达到25.0亿吨。若未来粮食产量仅仅能够维持目前规划的粮食综合生产能力水平,即便单独二孩政策下未来粮食供需缺口也将大规模持续存在,2016~2030年供需缺口累计将高达11亿吨。全面二孩政策将进一步加剧供需失衡状况,在可预期的未来(2050年前)几乎都难以实现供需平衡,到2030年供需缺口累计达到12.0亿吨,相当于历史最高产量的2倍,到2040年、2050年供需缺口累计分别高达20亿吨和25亿吨,相当于历史最高产量的约3倍和4倍(见表8-5)。因此,

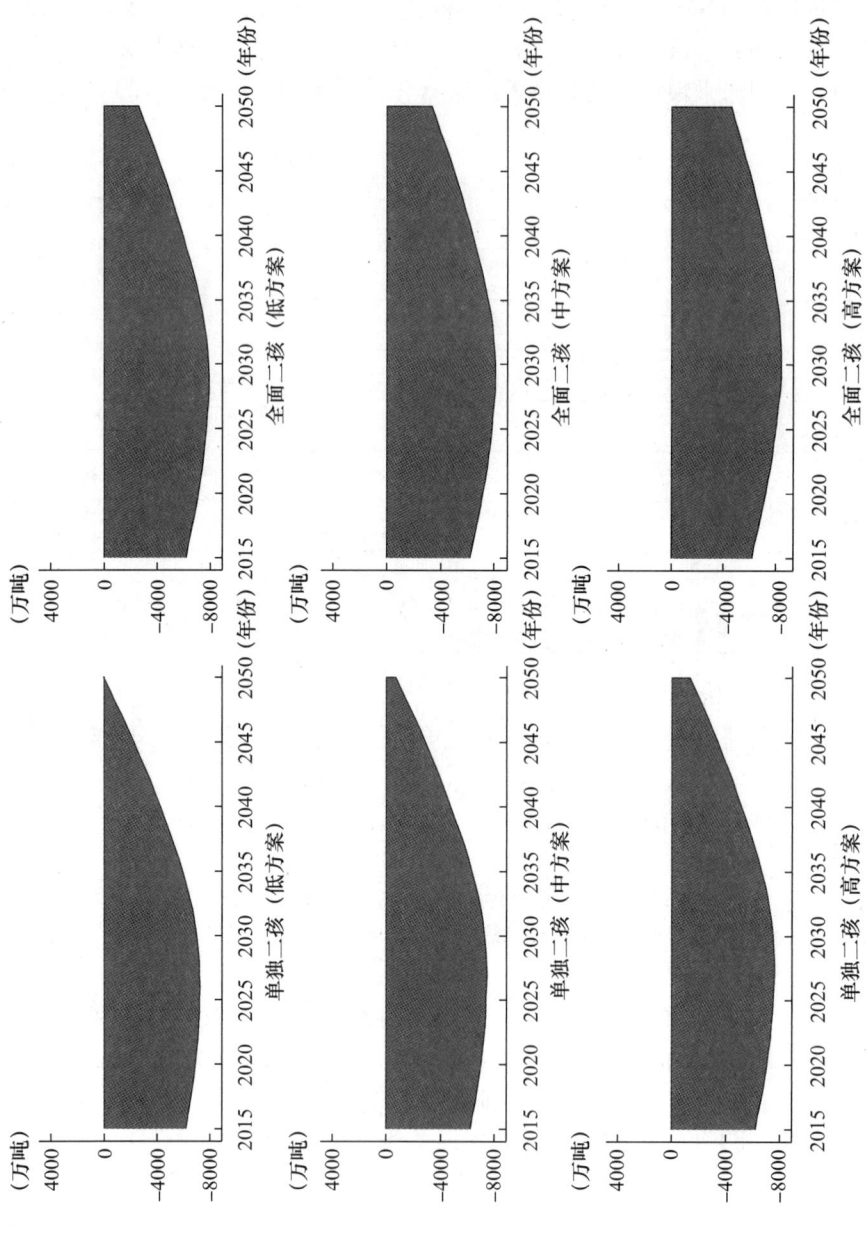

图 8-12 未来粮食供需平衡状况（参照规划粮食综合生产能力）

资料来源：根据中国社会科学院人口与劳动经济研究所课题组最新预测。

当前规划的5.5亿吨粮食综合生产能力基本可以视为未来较长时期内粮食供给的红线，突破这一底线中国粮食安全将遭受严重冲击，而即便保持规划生产能力，也需要借助豆类、薯类和国际市场调节才能保持供求平衡格局。

表8-5　人口政策调整与未来粮食供需累计缺口（参照规划粮食综合生产能力）

时期	单独二孩（万吨）			全面二孩（万吨）		
	低方案	中方案	高方案	低方案	中方案	高方案
2016~2030年累计	-110891	-112773	-114223	-116634	-118028	-120439
2016~2040年累计	-167896	-173609	-178349	-186776	-191440	-199874
2016~2050年累计	-187807	-199667	-209938	-228811	-239042	-258043
	相当于2015年粮食总产量的比重（%）					
2016~2030年累计	-178.9	-181.9	-184.2	-188.1	-190.4	-194.3
2016~2040年累计	-270.8	-280.0	-287.7	-301.3	-308.8	-322.4
2016~2050年累计	-302.9	-322.0	-338.6	-369.0	-385.6	-416.2

资料来源：根据中国社会科学院人口与劳动经济研究所课题组最新预测。

8.4　结论与启示

最近几年中国人口政策加快调整，全面二孩政策对中国未来经济社会发展将带来深远影响。本章预测了全面二孩政策背景下中国未来（2016~2050年）人口总量与结构变化，利用热量与粮食消费量关系估算了未来中国粮食消费需求变动，并据此评估了人口政策调整对于中国未来粮食供需平衡的影响。

全面二孩政策下中国人口总量将在2025~2030年达到高峰，人口总量峰值在14.15亿~14.53亿人。全面二孩政策仅能够将中国人口总量高峰延缓3年，对于延缓人口老龄化进程的作用有限。人口政策存在长期的累积效应，全面二孩政策下到"十三五"期末人口总量变动将控制在1000万人之内，到2030年人口总量变动达到3000万人，2050年增加到约8000万人。"十三五"时期是全面二孩政策的人口堆积期，但每年净增人口基本控制在350万人以内，2020年之后进入平稳释放期，每年净增人口逐步减少到150万~180万人，2035年之后代际效应逐步显现，人口堆积期新增人口陆续进入到生育期，每年净增人口增加到250万~330万人。

全面二孩政策下中国粮食消费需求将在2029~2030年达到高峰，粮食消费需求峰值在6.30亿吨左右。2030年之后随着人口总量减少和人口老龄化加深，粮食消费需求开始逐渐减少，预计2044年之后下降到6.0亿吨以下。全面二孩政策只能将粮食消费需求高峰延迟2~3年，粮食消费需求峰值提高幅度不超过850万吨。人口政策调整将带来持久的影响，缓冲由于人口总量减少和人口老龄化带来的粮食消费需求下降速度。

全面二孩政策短期内不会对中国粮食消费需求产生显著影响，但中长期影响值得高度关注。全面二孩政策在2030年之前每年新增粮食消费需求总量不超过1000万吨，需求增幅基本上控制在1.5%以内。人口政策调整对于粮食消费需求影响将随着时间推移逐步增强，预计到2040年全面二孩政策将带来每年新增粮食消费需求总量达到1600万~2000万吨，粮食消费需求增幅为2.7%~3.3%，到2050年新增粮食消费需求最高将接近3300万吨，粮食消费需求增幅接近5.8%。全面二孩政策到2030年累计粮食消费需求增量达到5200万~6200万吨，相当于当前年度粮食总产量的8.5%~10%，到2040年累计新增粮食消费需求达到1.8亿~2.2亿吨，到2050年累计新增粮食消费需求增加到4.0亿~4.8亿吨。

全面二孩政策中长期将显著地增加中国粮食消费需求，在一定程度上考验未来粮食供给保障能力。中国未来粮食安全是否对于人口政策调整产生敏感反应主要取决于未来粮食供给能力变化，敏感区间或者临界值基本上可以通过以下三种情景刻画出来：

在乐观情景下，假定未来粮食供给能力能够达到刚刚过去的历史最高产量（即2015年的6.2亿吨），全面二孩政策将一定程度上加重未来粮食紧平衡状况，2025~2030年进入供需缺口最大阶段，供需缺口规模在900万~1500万吨，缺口率为1.4%~2.4%，总体上处在可控范围内，不会对未来粮食安全造成太大冲击。

在平稳情景下，假定未来粮食供给能力能够维持在"十二五"时期以来的平均产量（即6.0亿吨），全面二孩政策将加剧未来粮食供需失衡，2029~2030年供需缺口最高峰将达到2900万~3400万吨，缺口率为4.6%~5.4%，缺口周期将延长到2045~2050年，部分年份将冲击95%的粮食安全自给率，粮食安全的潜在风险明显加大。

在保守情景下，假定未来粮食供给能力只能维持在目前规划设计的粮食综合生产能力（即5.5亿吨），全面二孩政策下将出现严峻的粮食供需缺口，预计2029~2030年供需缺口最高峰将达到7800万~8500万吨，缺口率为12.5%~13.3%，到2050年仍然还有2600万~4600万吨的缺口，若没有豆类、薯类补充和必要的国际市场调节,未来粮食安全将无法保障。

全面二孩政策对于中国未来粮食消费需求变化将产生影响,粮食安全战略有必要未雨绸缪且慎重地做出反应。①"十三五"时期是人口政策调整带来的人口堆积期,但并不会明显地造成粮食消费需求变动,粮食安全也不会对此产生敏感反应,短期内农业发展战略和政策不宜做出过度反应,目前粮食供给保障战略也不需要对此进行调整。②人口政策调整对于粮食消费需求影响具有明显的累积效应,从中长期来看,需要审慎对待粮食供给能力,6.0亿吨粮食总供给水平、5.5亿吨粮食综合生产能力应该视为底线,《全国农业现代化规划(2016~2020年)》规划的2020年5.5亿吨粮食(谷物)综合生产能力目标不仅要如期实现,而且这一目标在2045年之前都不宜轻易调整。③2025~2030年是中国人口总量高峰时期,也是粮食消费需求和供需缺口的峰值阶段,全面二孩政策下即便是6.0亿吨的粮食总供给水平也不能完全消除粮食安全的潜在风险,应该提前做好充分准备,从国内供给保障和国际市场调节两个方面做好应对预案,确保平稳渡过最具挑战的阶段。

第9章 基本结论、前景分析和政策建议

中国是个人口大国,也是个资源相对稀缺的国家。基本粮食供应的充足是维持经济社会稳定的基础。过去30多年里,中国年均经济增速超过7%,居民食品营养不断提高。近年来,我国人口政策开始调整,对粮食安全的影响又纳入到讨论当中。根据前文的分析可以看到:相较人口增长,人口构成变化引起的粮食需求波动更让人在意。加上食品消费结构的进一步优化,政府决策者需要以审慎态度对待中长期粮食安全形势。

9.1 基本结论

虽然人们认识到,人体为满足日常经济社会活动所需的热量消耗会随着年龄以及劳动强度等的变化而调整。一旦因群体结构发生变化时,人均所需营养摄入也将随之变化,但是很少有具体的研究,本书很好地对此进行补充。

9.1.1 需正视人口变化对粮食需求的影响

本书通过微观家庭户以及省级面板数据,实证分析表明人口变迁过程中,年龄性别和职业结构变化的确会对粮食消费产生影响。研究结果显示:①价格仍然是影响热量摄入的一个重要因素,由于热量是由各类食物转化而来,这就意味着在中国,人们对食品的价格很敏感。如果食品的相对价格提高1%,则对应的人均食品消费至少会下降0.394%。②收入水平对热量摄入的影响作用是有限的。本书没有考虑人口作用下的热量收入弹性为0.0454%,比调整后的0.0422%大。从这一点来看没有考虑人口结构因素作用下的粮食安全分析往往夸大了收入水平的作用。③在模型回归结果中,家庭总人口消费权数的弹性系数为0.59,意味着对一个集体或群体而言,其年龄和性别结构会影响人均总的热量摄入水平,进一步反映在对食品需求变化上。这一结果不仅证实了人口结构对热量消费的影响,同时表明FAO/WHO有关不同年龄性别人口的热量摄入的研究结果可以作为一种

第 9 章 基本结论、前景分析和政策建议

粮食消费基础的参考工具,并运用到实践当中。这为以后进一步观察人口结构营养摄入提供了新的视角。

在第 5 章,我们仍然延续第 4 章的分析框架,以省级数据对比,观察省级就业结构差异对其人均热量需求的影响。实证结果同样表明:地区内从事不同职业的人口比例出现调整,其对人均粮食需求也具有影响。当职业需求热量较高的人口比重增加,对应总的人均热量需求也会随之增加。但同人口结构的影响效果相比,其作用相对较小。

借助统计分析我们还发现,在过去的近 30 年里,中国以人口结构变化为基础的人均热量消费总指数经历了一个大幅度上升随后放缓并在 21 世纪开始出现下降的过程。这同我国人均粮食消费变化具有一致的变化趋势。这说明:传统经济因素对粮食需求的影响仍然存在,但是以年龄性别为基础的人体生理需求同样影响着粮食需求。

粮食需求具有刚性,人口总量和食品消费结构的调整对粮食需求变化有重要的影响因素。但完全根据经济增长和人口总量来判断未来粮食消费的走势是不科学的。通过粮食需求的生理因素影响研究比较发现:中国的人均粮食需求增长的强度已经放缓甚至开始下降。而且这种增长的放缓同我国长期实行的计划生育政策、现代生育率的降低、中国产业间就业结构的调整以及同一职业劳动强度的变化密切相关。过度迷信经济发展对粮食需求的强大作用,忽视其他因素对粮食需求的影响,会导致未来粮食需求估计预测的偏误,各种资源配置的扭曲不利于粮食安全政策的制定。

9.1.2 人口结构变动将导致粮食需求出现上下波动

以上的实证分析都是建立在人体热量标准需求的基础上。但热量需求并不完全等同于粮食需求。故而在第 6 章,利用统计学分析方法,通过分析我国过去 20 年内城乡居民的食品消费结构、热量摄入和粮食消费与粮食需求之间的关系,我们将前两章的热量需求转化为粮食需求。第 6 章的研究表明:在过去的 20 多年里,无论是农村还是城镇居民的口粮消费都呈下降趋势,随着人均收入水平的提高,人均的畜产品消费有了很大的提高。虽然农村居民人均日热量摄入量呈下降趋势,但由于其畜产品消费占其涉粮食物总量比重的增加,其对应的人均日粮食消费总量仍不断增加。

在提供同等热量的情况下,畜产品消费导致的最终粮食总量要高于谷物。因此,城市居民每千卡热量的摄入所需的粮食总量要高于农村居民。随着城镇化的推进,农村居民饮食习惯向城镇居民靠拢。在人均热量摄入下降的情况下,人均总的粮食需求仍会出现增加。该结果对原有的粮食消费结构的调整对粮食总需求

的增加做了进一步的佐证。

从中国未来人口总量和人口结构变化入手,通过中国人口预测系统,以第五次人口普查时,我国育龄妇女分年龄的生育模式为基础,对2010~2050年我国人口结构进行推测。从预测结果来看,我国人口增长率将于2029年出现负数,而人口总量将在2030年达到峰值,为14.57亿人。

从人口结构变化来看,在人口总量开始下降的同时,我国0~14岁人口比重也出现波动。根据预测结果该年龄阶段的人口比重在未来的10年里有小幅上升,在2017年以后开始下降,下降大概5个百分点,而在2038年之后才有小幅度上升,其占总人口的比例维持在14.2%左右。

随着社会医疗服务的改善、人类预期寿命延长,我国老年人口的比重将进一步提高。根据此次模拟人口的结果,我国老年人口比重将从2009年的8.5%上升到2050年的26.75%。生育率的下降及老年人口比重的上升,未来我国的社会总抚养比呈显著上升趋势,中国的社会总抚养比〔(老年人+少儿)/经济活动人口〕将增长近1倍,且在2025年以后的增长幅度会大于2010~2025年的水平。

我们根据《中国居民膳食指南(2007)》膳食宝塔中建议成人最高的食物摄入量作为一个标准人的摄入量对未来的粮食消费进行预测。其结果表明:①如果没有人口结构的变化及其影响,我国未来粮食消费量将在2030年达到65872.90万吨的最高峰;如果考虑人口结构变化的影响,我国未来粮食消费量最高峰将出现在2025年,且最高消费量为64822.92万吨。②对比考虑和不考虑人口结构影响的未来粮食消费预测结果可以看到:虽然人口总量相等,但老龄化的人口实际粮食需求很可能下降得更多。根据预测对比的结果:2040年以后人口结构变化的影响更显著,两种预测方法测度的年粮食消费总量相差2500万吨。

9.1.3　2020~2030年我国粮食供需偏紧,需要未雨绸缪

全面二孩政策下中国人口总量将在2025~2030年达到高峰,人口总量峰值在14.15亿~14.53亿人,全面二孩政策使得"十三五"期末人口总量增加1000万人,到2030年人口总量增加约3000万人。全面二孩政策下中国粮食消费需求将在2029~2030年达到高峰,粮食消费需求峰值在6.30亿吨左右。2030年之后随着人口总量减少和人口老龄化加深,粮食消费需求开始逐渐减少,预计2044年之后下降到6.0亿吨以下。全面二孩政策在2030年之前每年新增粮食消费需求总量不超过1000万吨,需求增幅基本控制在1.5%以内,到2040年全面二孩政策将带来每年新增粮食消费需求总量达到1600万~2000万吨,需求增幅为2.7%~3.3%,到2050年新增粮食消费需求最高将接近3300万吨,需求增幅接近5.8%。

全面二孩政策中长期将显著地增加中国粮食消费需求，在一定程度上考验未来粮食供给保障能力。假定未来粮食供给能力能够达到刚刚过去的历史最高产量（6.2亿吨），全面二孩政策尽管会加重紧平衡形势，但总体上处在可控范围内。假定未来粮食供给能力能够维持在"十二五"时期以来的平均产量（6.0亿吨），全面二孩政策将加剧未来粮食供需失衡，2029~2030年供需缺口最高峰将达到2900万~3400万吨，缺口率为4.6%~5.4%，粮食安全的潜在风险明显加大。若未来粮食供给能力只能维持在目前规划设计的粮食综合生产能力（5.5亿吨），全面二孩政策下将出现严峻的粮食供需缺口，预计2029~2030年供需缺口最高峰将达到7800万~8500万吨，缺口率为12.5%~13.3%，粮食安全将无法保障。

全面二孩政策对于中国未来粮食消费需求变化将产生影响，粮食安全战略有必要未雨绸缪且慎重地做出反应。短期内农业发展战略和政策不宜对人口政策调整做出过度反应，但中长期需要审慎对待粮食供给能力，6.0亿吨粮食总供给水平、5.5亿吨粮食综合生产能力应该视为底线，这一目标在2045年之前都不宜轻易调整，2025~2030年是粮食消费需求和供需缺口的峰值阶段，应该提前做好充分准备，确保平稳渡过最具挑战的阶段。

9.2 未来影响中国粮食消费的因素分析和判断

未来中国粮食消费与人口、职业结构及其食品消费结构变化密切相关。当前，西方国家食品消费结构已经稳定，中国的饮食文化决定了在未来更长的时间里，中国的食物消费结构是丰富的，且按照国家营养标准，各类食物消费上限也基本可以作为单个健康成年人消费峰值。相较食品消费结构，人口结构、职业结构的变化更持久。然而，中长期食品消费结构对中国未来粮食消费的影响更重要。

首先，人们粮食消费结构的调整仍会继续下去，满足粮食总量和品种需求将成为粮食安全政策的重要目标之一。

根据分年龄性别的人口结构预测，同2010年的水平相比，2050年人口结构指数将下降2.85%，对应的人均热量消费将下降3.26%。如果以FAO人体热量需求量表中17~18岁成年男子在中等劳动强度下的日热量消费量（3410千卡/日）作为标准人消费量，在考虑人口结构对热量需求变化的影响以后，2050年的人均热量消费水平最高约为3298.82千卡/日。

本书以2009年城乡各自的消费结构为基础，将热量转化为粮食消费，对未来的人均粮食消费做了简单的估算。根据我国城镇和农村居民的住户调查数据显示：2009年我国城镇居民的日热量消费量为2456.64千卡/日（其中有75.67%源自粮食产品），对应每1000千卡热量需要531.97克/日的粮食消费；而农村居民日热量摄入值为2266.00千卡/日（其中88.84%源自粮食产品），对应每1000千卡热量需要406.44克/日的粮食消费。

根据现有食品消费结构测算出2050年的城乡人均粮食消费分别为484.69千克/年和430千克/年；利用城乡人口比例的差异，粮食需求总量在58503.65万～65944.32万吨。短期预测当中，预计2020年中国粮食需求总量约为6.1亿吨，其中饲料用粮约为2.97亿吨，将在中国粮食用途中排第一位。这一预测结果同我国持续八连增的粮食产量相比，最高预测结果要高出近1亿吨。就总量而言，我国未来的粮食需求面临着巨大的挑战。

其次，随着我国计划生育背景下，长期的低生育率水平，我国人口增长的速度已经放缓。加上医疗卫生服务的进一步提高，未来粮食需求总量增长的速度很可能放缓，但是粮食品种的多元化需求很可能会进一步增加。

传统的粮食需求预测是建立在人口规模和人均消费情况的起点上。一方面，影响人均粮食消费的因素侧重经济因素的分析；另一方面，在确定人均收入水平的情况下，假定人口增长导致粮食总量同比例的增加。从这点来讲，个体消费能力的差异导致人均总的粮食消费随着人口结构调整而出现波动很容易被忽略掉。但是，随着我国老龄化的日益严重以及人口政策的调整，我国粮食需求已经进入一个要求质量和品种多元化的时代，而非完全的总量需求。

不同年龄性别人口的粮食消费除了消费量的差异，还有消费结构上的差异。例如，老年人比青年人消费更多的谷物，年轻人消费更多的肉类，女性的蔬菜和水果的消费会高于男性等。因此未来的粮食安全政策的制定需要更多有关消费品种、消费质量方面的研究。

随着我国经济发展和人们消费水平的提高，人们食物消费结构中谷物消费的比重将继续下降，肉、蛋、奶和植物油消费的比重会持续提高。相比较之下，西方发达国家高热量、高脂肪、高蛋白的食物消费结构不利于膳食平衡和身体健康。因此，我国的食物消费应提倡和推广植物性食物为主、动物性食物为辅，中热量、高蛋白、低脂肪的消费模式。

最后，随着未来食物消费结构的调整，饲料粮食需求占粮食总需求的比重会进一步增加。随着城乡居民动物性食品消费的快速增长，中长期内，我国饲料粮消费呈现持续性增长。据预测，2020年，中国粮食需求总量约为6.1亿吨，其中饲料用粮约为2.97亿吨，占粮食总需求的48.7%。饲料需要高能量、高蛋白和高产化，而口粮则要求精细化和多样化。长期以来我国没有专门的饲料用粮，而用适于食用的粮食做饲料原料,造成了极大浪费。因此,要合理调整种植结构,逐步扩大高效饲料作物种植。

耗粮型的猪肉和禽肉生产在我国畜牧业生产中占较大比重;相比之下,节粮型的牛羊养殖比重较低。因此,同国外畜牧业生产相比,我国单位肉类生产要投入更多粮食。中长期的我国粮食供应发展战略,要在加强对北方天然草原的保护和改良的同时,大力发展节粮型畜禽的养殖,加快南方草地资源的开发,逐步转变饲养方式,提高饲料转化率;充分利用以糠鼓、秸秆、饼粕、糟渣等为原料制作的混合饲料,来满足饲料对粮食需求。

9.3 政策建议

9.3.1 优化粮食需求预测系统,提高粮食需求预测能力

粮食总量需要以人体营养需要为基础。要根据人体营养需要确定粮食营养素的提供量,不仅有利于人体营养健康的粮食品种产量,而且保障粮食消费的丰富性和健康性。确定粮食生产目标,保障粮食安全,需要更全面和准确的粮食需求预测系统。有关我国粮食消费预测系统应从以下几个方面进行改善:

1. 对粮食品种消费数据及地区消费数据进行监控

本书通过研究人口结构等生理消费差异对粮食需求变化的影响,为后续研究提供了实证基础。但区域间食品消费的差异将导致地区粮食总量和品种需求存在差异,粮食需求预测系统不应仅适用到国家层面,同时也要运用到地区的消费系统当中。

2. 加快完善对中国城镇居民的粮食需求层次以及不同收入阶层的食物消费数据的统计

随着经济发展水平的提高,人们在外就餐的比例也不断提高。该部分数据很难计入到国家统计中,使得对我国粮食消费数据很难做出准确的估算。可以考虑从食物流向数据进行登记,这样不仅有利于食品消费数据的统计和分析,同时也能运用到食品安全的管理当中。

3. 完善需求预测系统

本书在传统的经济因素分析的基础上,提出了从生理因素的影响出发,考察人口和职业结构变化对我国粮食需求的影响。这对原有的需求预测系统提出了修正和需要补充的地方。2011年末我国人口总量为13.47亿人,而日益加剧的人口

老龄化对粮食消费的品种提出了新的挑战。同时，随着我国二胎政策的放宽，我国未来的人口总量变化以及人口结构的进一步调整都会使我国未来的粮食需求出现新的变化。因此，要进一步完善现有的粮食消费预测系统，捕捉更多的信息，获取更准确的粮食预测数据。

9.3.2 大力引导科学合理的饮食习惯

过去的几十年我国在保障粮食需求方面取得了非凡的成功，我国居民的温饱问题已经解决，但城乡居民的膳食习惯、知识的缺乏以及经济发展的不平衡，不能很好地根据不同的年龄和职业特点来合理安排自己的饮食。此外，城乡之间的消费结构存在巨大的差异。城镇化进程中，当农民的生活方式、消费方式开始发生转变，尽管肥胖还不是贫困地区农户目前所面临的主要问题，但仍然出现在了农村地区。所谓的"富贵病"也并不是城镇居民所特有的现象。

在这种情况下，政府以及相关机构应该采取一定的营养干预措施。例如，加强适合我国居民标准营养摄入的宣传和普及工作，提高城乡居民（尤其是农村地区）的营养意识，通过一定的营养指导，不断改善我国居民的膳食结构，提高其体质。

目前，我国城乡居民的食物消费结构中热量、蛋白质和脂肪的年人均消费量已经基本达到发达国家的消费水平，但脂肪消费增长过快。大量的研究表明，体重过重、肥胖以及心血管病在过去的20年里同我国经济增长同时发展。而且这些慢性病不再是成年人的专利，连正在上学和正在发育的儿童同样会患病。因此，一方面要调整三种营养素的合理摄取，另一方面应当减少油脂在烹饪中的使用程度。

我国居民在肉类、奶类和水果等消费方面与欧美国家还有较大的差距。随着我国经济发展水平和人们消费水平的提高，我国食物消费结构中谷物消费的比重将继续下降，而肉、蛋、奶和植物油消费的比重会持续提高。应进一步宣传我国的食物消费应提倡和推广植物性食物为主、动物性食物为辅，中热量、高蛋白、低脂肪的食物消费模式。

9.3.3 充分利用国际市场，保障粮食供应

我国的粮食安全战略坚持立足国内基本自给，《国家粮食安全中长期规划纲要》要求我国的粮食自给率稳定在95%左右。但随着我国人口的增长，城市化、工业化进程不断加快，对农产品的需求急剧增加；同时，经济增长导致对水资源和土地资源需求增长的压力不断增加，而这些资源都是有限的，其对农业生产产生资源约束。我国农业资源短缺，如果保证谷物基本自给，则油料产品和棉花等

农产品的消费将会出现较大缺口。2009年，中国进口4255万吨大豆、816万吨食用植物油。如果按照我国目前的生产水平进行估算，仅这两个品种就至少相当于利用了其他国家0.373亿以上的播种面积（陈锡文，2010）。

在未来相当长的时间内，我国粮食产品需求仍会持续增加，这一趋势不能逆转。同时，根据我们的研究，未来粮食需求下降的速度也很快。过度要求满足较高的粮食自给率很可能导致各种资源流向粮食生产，降低资源配置的使用效率。从长远的角度考虑，我国政府可以充分利用国外资源和国际市场。通过发展稳定的粮食国际贸易、兴建农业生产基地、投资境外粮食生产加工产业等方式，来实施海外农业资源利用战略，用以缓解中国资源紧缺，进而对保障中长期的粮食消费需求具有长远的战略意义。

9.3.4 以人体营养需求来确定粮食供应量

要根据人体营养需要确定粮食营养素的提供量，不仅有利于确定人体营养健康的粮食品种的产量，同时也确保粮食消费的丰富性、健康性。未来粮食供应方面要大力发展适口的细粮和高产量的饲料粮品种生产。通过国家相关政策引导和科技手段支持，提高优质粮食品种产量，缩小对健康意义较小却过多占用生产资源的粮食品生产量；通过优质粮食工程以及区域互补优势，大力发展名、特、优等有利营养健康的粮食品种。

从发展阶段来看，先确保产量，逐步保证粮食产品的质量。未来粮食结构需要以营养结构需要为基础。依赖合理健康的营养目标对粮食的现实需求来设计和调整我国的粮食种植结构。扩大高营养、高品质的粮食品种种植面积，改变过去只看粮食产量的种植指导思想。优化粮食品种、优化粮食品质、优化粮食布局，针对合理膳食的需要对粮食品种进行改良和新品种开发，通过粮食布局调整，促进优质畜禽产品的生产加工。在确保口粮安全的基础上，兼顾饲料粮与其他用粮的安全，逐步建立起粮、经、饲三元种植结构，以满足人们多元化的食物消费结构需求。建立以营养引导消费、以消费带动生产的粮食保障机制，通过对合理消费方式的确立，改变不合理、不营养的粮食消费习惯，从供给上保障人们合理消费的有效实施，使人们实现健康消费。确保粮食在改善营养结构中基础地位的稳定和更大效益的发挥。

9.3.5 关注人口结构变化，提高老年人营养健康水平

无论是过去还是今天，中国一直是世界上人口最多的国家。历史上的自然灾害导致3000万未出生的人口以及自20世纪80年代的计划生育政策；中国正经历其他国家所没有经历的快速的人口转型。可以肯定的是，随着医疗服务的进一

步提高,我国老龄化的程度会越来越快。短时期内高的老年抚养比、快速的老龄化意味着我国劳动力负担比率的提高。加上代际之间劳动的流动性增强,农村和城市将会出现越来越多的空巢老人。这是中国不久将面临的基本国情。

老年人对食品总量需求要远低于年轻人,但对食物的营养却提出更高的要求。同时,健康幸福的晚年是小康社会的目标之一。故而,必须将全民健康饮食列入政府规划中。参照2010年中国营养发展目标,当前我国城乡居民的热量摄入基本达到标准,但是蛋白质摄入不足,同时由于中国人饮食习惯,导致人均油脂摄入量超标,这也是患有心血管病、高血压、高血脂的老年人比重越来越高的原因。因此,有必要进一步提高全民尤其是农村老年人的蛋白质和脂肪摄入量,优化我国居民的食物消费水平和膳食营养。

附 录

附表1 1976~2007年中国谷物的生产及消费状况

年份	人均谷物消费量	人均GDP（2005年美国的人均购买力计算）	谷物产量（1000吨）	进口量（1000吨）	净进口量（1000吨）	净进口/产量（%）
1976	222.54	—	207180	6297	4617	2.23
1977	223.44	—	199357	11338	10001	5.02
1978	244.17	—	226410	13221	11414	5.04
1979	252.89	—	243828	17173	15520	6.37
1980	256.39	523.00	232710	18040	16427	7.06
1981	255.56	544.00	237512	19471	18513	7.79
1982	270.97	584.00	260505	21262	20220	7.76
1983	286.37	639.00	288348	19923	18499	6.42
1984	290.37	726.00	305632	16052	13488	4.41
1985	272.10	813.00	282828	11630	3429	1.21
1986	272.09	872.00	293903	13584	5776	1.97
1987	268.86	957.00	300412	23011	17352	5.78
1988	265.96	1048.00	294734	22091	16629	5.64
1989	264.91	1075.00	306868	23400	18197	5.93
1990	286.26	1099.00	340606	21046	16546	4.86
1991	289.49	1184.00	336628	21314	11804	3.51
1992	294.16	1336.00	341574	19473	6868	2.01
1993	297.28	1505.00	348075	15193	1360	0.39
1994	300.97	1684.00	337188	17747	6107	1.81
1995	303.07	1847.00	356294	29481	28085	7.88
1996	301.15	2010.00	388053	19272	17314	4.46
1997	302.25	2175.00	378408	12440	3372	0.89
1998	301.91	2322.00	391605	11146	1876	0.48
1999	301.56	2475.00	388458	10678	2870	0.74

续表

年份	人均谷物消费量	人均GDP（2005年美国的人均购买力计算）	谷物产量（1000吨）	进口量（1000吨）	净进口量（1000吨）	净进口/产量（%）
2000	299.11	2661.00	344128	10565	-3864	-1.12
2001	297.58	2864.00	338686	11061	1566	0.46
2002	296.80	3104.00	341276	10535	-5066	-1.48
2003	291.05	3393.00	322075	9852	-12900	-4.01
2004	288.32	3714.00	353050	17275	11632	3.29
2005	288.35	4076.00	368746	14154	3011	0.82
2006	290.86	4524.00	391764	11221	4028	1.03
2007	292.43	5084.00	395286	8958	-2743	-0.69

资料来源：FAOSTAT, FBS, 2010. World Bank, 2009.

附表2 中国食物与营养发展纲要（2014~2020年）居民食品消费目标结构

食品	人均消费（千克/年）	热量转化率（千卡/千克）	粮食折算率	提供热量	粮食消耗（千克）	每单位热量的粮食消耗（千克/千卡）
涉粮产品						
谷物	135	3050	1	1128.08	135.00	
肉类	39	3345	4.6	357.41	179.40	
蛋类	16	1770	3.6	77.59	57.60	
鱼虾类	18	980	2	48.33	36.00	
豆制品	13	2550	1	90.82	13.00	
				1702.23	421.00	24.73
非涉粮产品					热源中涉粮产品的比重（%）	
蔬菜	140	177.6		68.12		
奶类	36	600		59.18	74.32	
油料	12	9000		295.89		
水果	60	1003		164.88		
				2290.30		

一个标准成人的热量消费为3410千卡/日，所需的粮食消费量为626.82千克/年

资料来源：根据中国社会科学院人口与劳动经济研究所课题组估算得到。

附 录

附表3 中国未来人口预测（2016~2050年）

		总和生育率高峰年份	总和生育率高峰值	总和生育率稳定值
单独二孩	高方案	2017	1.75	1.65
	中方案	2017	1.70	1.60
	低方案	2017	1.60	1.55
全面二孩	高方案	2018	2.00	1.90
	中方案	2018	1.90	1.80
	低方案	2018	1.80	1.75

注：我们设定单独二孩和全面二孩的两种政策改革情景：方案一是假定我国从2014年开始在全国实行单独二孩政策，此后维持目前的生育政策不变，总和生育率从2015年的1.55开始逐渐上升，2017年达到最高点1.7，之后开始下降并到2020年总和生育率下降到1.6，随后将维持在此水平上。方案二是2014年实施单独二孩政策后，2016年开始实施全面二孩政策，总和生育率持续上升，到2018年达到1.9左右，随后下降，并最终稳定在1.8左右。

资料来源：根据中国社会科学院人口与劳动经济研究所课题组最新预测。

附表4 人口政策调整不同情景下中国未来人口总量　　　　单位：亿人

年份	低方案		中方案		高方案	
	单独二孩	全面二孩	单独二孩	全面二孩	单独二孩	全面二孩
2015	13.76	13.76	13.76	13.76	13.76	13.76
2016	13.83	13.84	13.83	13.84	13.84	13.84
2017	13.89	13.92	13.91	13.93	13.92	13.94
2018	13.94	14.01	13.97	14.02	13.99	14.04
2019	14.00	14.08	14.03	14.10	14.05	14.13
2020	14.04	14.14	14.07	14.16	14.10	14.20
2021	14.08	14.19	14.12	14.22	14.15	14.27
2022	14.11	14.24	14.15	14.28	14.18	14.33
2023	14.13	14.28	14.18	14.32	14.21	14.38
2024	14.14	14.31	14.19	14.35	14.24	14.43
2025	14.15	14.33	14.20	14.38	14.25	14.46
2026	14.15	14.35	14.21	14.40	14.26	14.49
2027	14.14	14.36	14.20	14.41	14.26	14.51
2028	14.13	14.36	14.20	14.42	14.25	14.52
2029	14.11	14.36	14.18	14.42	14.24	14.53

续表

年份	低方案		中方案		高方案	
	单独二孩	全面二孩	单独二孩	全面二孩	单独二孩	全面二孩
2030	14.09	14.35	14.16	14.41	14.23	14.53
2031	14.06	14.34	14.14	14.40	14.21	14.53
2032	14.03	14.32	14.11	14.39	14.18	14.53
2033	13.99	14.30	14.08	14.37	14.16	14.52
2034	13.95	14.27	14.04	14.35	14.12	14.50
2035	13.91	14.25	14.01	14.33	14.09	14.49
2036	13.87	14.22	13.97	14.30	14.05	14.47
2037	13.82	14.19	13.92	14.28	14.02	14.45
2038	13.77	14.16	13.88	14.25	13.98	14.44
2039	13.72	14.13	13.84	14.23	13.94	14.42
2040	13.67	14.10	13.79	14.20	13.90	14.40
2041	13.62	14.06	13.74	14.17	13.85	14.38
2042	13.55	14.02	13.68	14.14	13.80	14.36
2043	13.49	13.98	13.62	14.10	13.75	14.34
2044	13.42	13.93	13.56	14.06	13.69	14.31
2045	13.34	13.88	13.49	14.01	13.62	14.27
2046	13.25	13.82	13.41	13.96	13.55	14.24
2047	13.17	13.76	13.33	13.91	13.47	14.19
2048	13.07	13.69	13.24	13.84	13.39	14.14
2049	12.97	13.61	13.14	13.77	13.30	14.09
2050	12.86	13.53	13.04	13.70	13.21	14.03

资料来源：根据中国社会科学院人口与劳动经济研究所课题组最新预测。

附表5 人口政策调整不同情景下中国未来粮食消费需求总量 单位：万吨

年份	低方案		中方案		高方案	
	单独二孩	全面二孩	单独二孩	全面二孩	单独二孩	全面二孩
2015	61192	61192	61192	61192	61192	61192
2016	61349	61378	61358	61378	61368	61378
2017	61506	61573	61545	61583	61564	61602
2018	61654	61768	61702	61796	61730	61833
2019	61791	61941	61848	61978	61885	62033

续表

年份	低方案		中方案		高方案	
	单独二孩	全面二孩	单独二孩	全面二孩	单独二孩	全面二孩
2020	61915	62099	61980	62145	62026	62218
2021	62019	62255	62099	62310	62159	62399
2022	62099	62392	62205	62461	62280	62579
2023	62158	62513	62278	62601	62367	62747
2024	62200	62608	62333	62709	62435	62882
2025	62226	62686	62372	62801	62487	62999
2026	62237	62769	62403	62896	62538	63120
2027	62226	62837	62427	62984	62581	63247
2028	62189	62883	62409	63056	62582	63357
2029	62119	62887	62357	63078	62549	63417
2030	62011	62852	62267	63062	62478	63436
2031	61864	62791	62143	63018	62376	63428
2032	61682	62698	61993	62948	62249	63402
2033	61467	62576	61800	62852	62078	63350
2034	61221	62416	61576	62714	61875	63255
2035	60947	62226	61322	62545	61643	63129
2036	60646	62006	61042	62346	61382	62972
2037	60321	61761	60734	62121	61094	62787
2038	59977	61498	60412	61877	60793	62583
2039	59622	61225	60078	61625	60479	62372
2040	59258	60945	59736	61367	60158	62156
2041	58887	60661	59387	61104	59831	61936
2042	58503	60367	59028	60833	59494	61711
2043	58107	60064	58656	60554	59145	61479
2044	57696	59749	58270	60264	58783	61237
2045	57269	59421	57868	59961	58406	60985
2046	56825	59078	57451	59645	58014	60721
2047	56368	58724	57020	59318	57609	60448
2048	55899	58361	56579	58982	57194	60168
2049	55421	57992	56129	58642	56771	59884
2050	54935	57618	55672	58298	56342	59599

资料来源：根据中国社会科学院人口与劳动经济研究所课题组最新预测。

附表6　人口政策调整与未来粮食供需平衡：参照历史最高产量　　　　单位：万吨

年份	低方案		中方案		高方案	
	单独二孩	全面二孩	单独二孩	全面二孩	单独二孩	全面二孩
2015	808	808	808	808	808	808
2016	651	622	642	622	632	622
2017	494	427	455	417	436	398
2018	346	232	298	204	270	167
2019	209	59	152	22	115	-33
2020	85	-99	20	-145	-26	-218
2021	-19	-255	-99	-310	-159	-399
2022	-99	-392	-205	-461	-280	-579
2023	-158	-513	-278	-601	-367	-747
2024	-200	-608	-333	-709	-435	-882
2025	-226	-686	-372	-801	-487	-999
2026	-237	-769	-403	-896	-538	-1120
2027	-226	-837	-427	-984	-581	-1247
2028	-189	-883	-409	-1056	-582	-1357
2029	-119	-887	-357	-1078	-549	-1417
2030	-11	-852	-267	-1062	-478	-1436
2031	136	-791	-143	-1018	-376	-1428
2032	318	-698	7	-948	-249	-1402
2033	533	-576	200	-852	-78	-1350
2034	779	-416	424	-714	125	-1255
2035	1053	-226	678	-545	357	-1129
2036	1354	-6	958	-346	618	-972
2037	1679	239	1266	-121	906	-787
2038	2023	502	1588	123	1207	-583
2039	2378	775	1922	375	1521	-372
2040	2742	1055	2264	633	1842	-156
2041	3113	1339	2613	896	2169	64
2042	3497	1633	2972	1167	2506	289
2043	3893	1936	3344	1446	2855	521
2044	4304	2251	3730	1736	3217	763

续表

年份	低方案		中方案		高方案	
	单独二孩	全面二孩	单独二孩	全面二孩	单独二孩	全面二孩
2045	4731	2579	4132	2039	3594	1015
2046	5175	2922	4549	2355	3986	1279
2047	5632	3276	4980	2682	4391	1552
2048	6101	3639	5421	3018	4806	1832
2049	6579	4008	5871	3358	5229	2116
2050	7065	4382	6328	3702	5658	2401

资料来源：根据中国社会科学院人口与劳动经济研究所课题组最新预测。

附表7 人口政策调整与未来粮食供需平衡：参照预期稳定产量　　单位：万吨

年份	低方案		中方案		高方案	
	单独二孩	全面二孩	单独二孩	全面二孩	单独二孩	全面二孩
2015	−1192	−1192	−1192	−1192	−1192	−1192
2016	−1349	−1378	−1358	−1378	−1368	−1378
2017	−1506	−1573	−1545	−1583	−1564	−1602
2018	−1654	−1768	−1702	−1796	−1730	−1833
2019	−1791	−1941	−1848	−1978	−1885	−2033
2020	−1915	−2099	−1980	−2145	−2026	−2218
2021	−2019	−2255	−2099	−2310	−2159	−2399
2022	−2099	−2392	−2205	−2461	−2280	−2579
2023	−2158	−2513	−2278	−2601	−2367	−2747
2024	−2200	−2608	−2333	−2709	−2435	−2882
2025	−2226	−2686	−2372	−2801	−2487	−2999
2026	−2237	−2769	−2403	−2896	−2538	−3120
2027	−2226	−2837	−2427	−2984	−2581	−3247
2028	−2189	−2883	−2409	−3056	−2582	−3357
2029	−2119	−2887	−2357	−3078	−2549	−3417
2030	−2011	−2852	−2267	−3062	−2478	−3436
2031	−1864	−2791	−2143	−3018	−2376	−3428
2032	−1682	−2698	−1993	−2948	−2249	−3402
2033	−1467	−2576	−1800	−2852	−2078	−3350

续表

年份	低方案		中方案		高方案	
	单独二孩	全面二孩	单独二孩	全面二孩	单独二孩	全面二孩
2034	-1221	-2416	-1576	-2714	-1875	-3255
2035	-947	-2226	-1322	-2545	-1643	-3129
2036	-646	-2006	-1042	-2346	-1382	-2972
2037	-321	-1761	-734	-2121	-1094	-2787
2038	23	-1498	-412	-1877	-793	-2583
2039	378	-1225	-78	-1625	-479	-2372
2040	742	-945	264	-1367	-158	-2156
2041	1113	-661	613	-1104	169	-1936
2042	1497	-367	972	-833	506	-1711
2043	1893	-64	1344	-554	855	-1479
2044	2304	251	1730	-264	1217	-1237
2045	2731	579	2132	39	1594	-985
2046	3175	922	2549	355	1986	-721
2047	3632	1276	2980	682	2391	-448
2048	4101	1639	3421	1018	2806	-168
2049	4579	2008	3871	1358	3229	116
2050	5065	2382	4328	1702	3658	401

资料来源：根据中国社会科学院人口与劳动经济研究所课题组最新预测。

附表8　人口政策调整与未来粮食供需平衡：参照规划粮食综合生产能力　　单位：万吨

年份	低方案		中方案		高方案	
	单独二孩	全面二孩	单独二孩	全面二孩	单独二孩	全面二孩
2015	-6192	-6192	-6192	-6192	-6192	-6192
2016	-6349	-6378	-6358	-6378	-6368	-6378
2017	-6506	-6573	-6545	-6583	-6564	-6602
2018	-6654	-6768	-6702	-6796	-6730	-6833
2019	-6791	-6941	-6848	-6978	-6885	-7033
2020	-6915	-7099	-6980	-7145	-7026	-7218
2021	-7019	-7255	-7099	-7310	-7159	-7399
2022	-7099	-7392	-7205	-7461	-7280	-7579

续表

年份	低方案		中方案		高方案	
	单独二孩	全面二孩	单独二孩	全面二孩	单独二孩	全面二孩
2023	-7158	-7513	-7278	-7601	-7367	-7747
2024	-7200	-7608	-7333	-7709	-7435	-7882
2025	-7226	-7686	-7372	-7801	-7487	-7999
2026	-7237	-7769	-7403	-7896	-7538	-8120
2027	-7226	-7837	-7427	-7984	-7581	-8247
2028	-7189	-7883	-7409	-8056	-7582	-8357
2029	-7119	-7887	-7357	-8078	-7549	-8417
2030	-7011	-7852	-7267	-8062	-7478	-8436
2031	-6864	-7791	-7143	-8018	-7376	-8428
2032	-6682	-7698	-6993	-7948	-7249	-8402
2033	-6467	-7576	-6800	-7852	-7078	-8350
2034	-6221	-7416	-6576	-7714	-6875	-8255
2035	-5947	-7226	-6322	-7545	-6643	-8129
2036	-5646	-7006	-6042	-7346	-6382	-7972
2037	-5321	-6761	-5734	-7121	-6094	-7787
2038	-4977	-6498	-5412	-6877	-5793	-7583
2039	-4622	-6225	-5078	-6625	-5479	-7372
2040	-4258	-5945	-4736	-6367	-5158	-7156
2041	-3887	-5661	-4387	-6104	-4831	-6936
2042	-3503	-5367	-4028	-5833	-4494	-6711
2043	-3107	-5064	-3656	-5554	-4145	-6479
2044	-2696	-4749	-3270	-5264	-3783	-6237
2045	-2269	-4421	-2868	-4961	-3406	-5985
2046	-1825	-4078	-2451	-4645	-3014	-5721
2047	-1368	-3724	-2020	-4318	-2609	-5448
2048	-899	-3361	-1579	-3982	-2194	-5168
2049	-421	-2992	-1129	-3642	-1771	-4884
2050	65	-2618	-672	-3298	-1342	-4599

资料来源：根据中国社会科学院人口与劳动经济研究所课题组最新预测。

附表9 人口预测结果

2017年	低方案						中方案						高方案					
	单独二孩			全面二孩			单独二孩			全面二孩			单独二孩			全面二孩		
	合计	男性	女性	合计	男性	女性	合计	男性	女性	合计	男性	女性	合计	男性	女性	合计	男性	女性
0~4岁	82129	44025	38104	85779	45975	39805	84210	45135	39075	86298	46251	40047	85254	45693	39561	87335	46803	40531
5~9岁	81056	43603	37453	81056	43603	37453	81056	43603	37453	81056	43603	37453	81056	43603	37453	81056	43603	37453
10~14岁	76182	40942	35240	76182	40942	35240	76182	40942	35240	76182	40942	35240	76182	40942	35240	76182	40942	35240
15~19岁	75033	40029	35004	75033	40029	35004	75033	40029	35004	75033	40029	35004	75033	40029	35004	75033	40029	35004
20~24岁	93483	49447	44036	93483	49447	44036	93483	49447	44036	93483	49447	44036	93483	49447	44036	93483	49447	44036
25~29岁	124973	65226	59747	124973	65226	59747	124973	65226	59747	124973	65226	59747	124973	65226	59747	124973	65226	59747
30~34岁	112528	58037	54491	112528	58037	54491	112528	58037	54491	112528	58037	54491	112528	58037	54491	112528	58037	54491
35~39岁	92177	47271	44906	92177	47271	44906	92177	47271	44906	92177	47271	44906	92177	47271	44906	92177	47271	44906
40~44岁	109027	55898	53129	109027	55898	53129	109027	55898	53129	109027	55898	53129	109027	55898	53129	109027	55898	53129
45~49岁	125010	63579	61432	125010	63579	61432	125010	63579	61432	125010	63579	61432	125010	63579	61432	125010	63579	61432
50~54岁	109681	55696	53985	109681	55696	53985	109681	55696	53985	109681	55696	53985	109681	55696	53985	109681	55696	53985
55~59岁	83534	42450	41084	83534	42450	41084	83534	42450	41084	83534	42450	41084	83534	42450	41084	83534	42450	41084
60~64岁	77433	38948	38485	77433	38948	38485	77433	38948	38485	77433	38948	38485	77433	38948	38485	77433	38948	38485
65~69岁	60425	29926	30499	60425	29926	30499	60425	29926	30499	60425	29926	30499	60425	29926	30499	60425	29926	30499
70~74岁	36924	18104	18820	36924	18104	18820	36924	18104	18820	36924	18104	18820	36924	18104	18820	36924	18104	18820
75~79岁	23515	11243	12272	23515	11243	12272	23515	11243	12272	23515	11243	12272	23515	11243	12272	23515	11243	12272
80岁以上	25704	11079	14625	25704	11079	14625	25704	11079	14625	25704	11079	14625	25704	11079	14625	25704	11079	14625
合计	1388816	715505	673311	1392466	717454	675011	1390897	716615	674282	1392984	717731	675254	1391941	717173	674768	1394021	718283	675738

续表

2020年	低方案						中方案						高方案					
	单独二孩			全面二孩			单独二孩			全面二孩			单独二孩			全面二孩		
	合计	男性	女性	合计	男性	女性	合计	男性	女性	合计	男性	女性	合计	男性	女性	合计	男性	女性
0~4岁	77628	41213	36414	87637	46523	41114	81165	43094	38071	90123	47839	42284	83673	44425	39248	94090	49939	44151
5~9岁	83064	44595	38470	83064	44595	38470	83064	44595	38470	83064	44595	38470	83064	44595	38470	83064	44595	38470
10~14岁	78580	42319	36261	78580	42319	36261	78580	42319	36261	78580	42319	36261	78580	42319	36261	78580	42319	36261
15~19岁	75236	40327	34908	75236	40327	34908	75236	40327	34908	75236	40327	34908	75236	40327	34908	75236	40327	34908
20~24岁	78831	41896	36935	78831	41896	36935	78831	41896	36935	78831	41896	36935	78831	41896	36935	78831	41896	36935
25~29岁	105953	55797	50157	105953	55797	50157	105953	55797	50157	105953	55797	50157	105953	55797	50157	105953	55797	50157
30~34岁	128812	66877	61935	128812	66877	61935	128812	66877	61935	128812	66877	61935	128812	66877	61935	128812	66877	61935
35~39岁	99080	50902	48178	99080	50902	48178	99080	50902	48178	99080	50902	48178	99080	50902	48178	99080	50902	48178
40~44岁	94721	48579	46142	94721	48579	46142	94721	48579	46142	94721	48579	46142	94721	48579	46142	94721	48579	46142
45~49岁	118003	60373	57629	118003	60373	57629	118003	60373	57629	118003	60373	57629	118003	60373	57629	118003	60373	57629
50~54岁	121546	61553	59993	121546	61553	59993	121546	61553	59993	121546	61553	59993	121546	61553	59993	121546	61553	59993
55~59岁	96635	49017	47618	96635	49017	47618	96635	49017	47618	96635	49017	47618	96635	49017	47618	96635	49017	47618
60~64岁	75021	37719	37302	75021	37719	37302	75021	37719	37302	75021	37719	37302	75021	37719	37302	75021	37719	37302
65~69岁	71480	35308	36172	71480	35308	36172	71480	35308	36172	71480	35308	36172	71480	35308	36172	71480	35308	36172
70~74岁	44595	21574	23021	44595	21574	23021	44595	21574	23021	44595	21574	23021	44595	21574	23021	44595	21574	23021
75~79岁	27435	13003	14432	27435	13003	14432	27435	13003	14432	27435	13003	14432	27435	13003	14432	27435	13003	14432
80岁以上	27294	11764	15529	27294	11764	15529	27294	11764	15529	27294	11764	15529	27294	11764	15529	27294	11764	15529
合计	1403912	722816	681096	1413922	728126	685796	1407449	724696	682753	1416408	729442	686966	1409957	726027	683930	1420375	731542	688833

续表

2025年	低方案							中方案							高方案						
	单独二孩			全面二孩				单独二孩			全面二孩				单独二孩			全面二孩			
	合计	男性	女性	合计	男性	女性		合计	男性	女性	合计	男性	女性		合计	男性	女性	合计	男性	女性	
0~4岁	66513	34829	31684	75096	39323	35772		68659	35953	32706	77241	40447	36794		70804	37076	33728	81532	42694	38839	
5~9岁	77530	41169	36361	87528	46474	41054		81063	43048	38016	90011	47789	42222		83568	44378	39191	93973	49886	44086	
10~14岁	83009	44564	38445	83009	44564	38445		83009	44564	38445	83009	44564	38445		83009	44564	38445	83009	44564	38445	
15~19岁	78530	42289	36241	78530	42289	36241		78530	42289	36241	78530	42289	36241		78530	42289	36241	78530	42289	36241	
20~24岁	75157	40278	34878	75157	40278	34878		75157	40278	34878	75157	40278	34878		75157	40278	34878	75157	40278	34878	
25~29岁	78713	41825	36888	78713	41825	36888		78713	41825	36888	78713	41825	36888		78713	41825	36888	78713	41825	36888	
30~34岁	105751	55684	50066	105751	55684	50066		105751	55684	50066	105751	55684	50066		105751	55684	50066	105751	55684	50066	
35~39岁	128477	66700	61777	128477	66700	61777		128477	66700	61777	128477	66700	61777		128477	66700	61777	128477	66700	61777	
40~44岁	98646	50673	47973	98646	50673	47973		98646	50673	47973	98646	50673	47973		98646	50673	47973	98646	50673	47973	
45~49岁	93935	48158	45778	93935	48158	45778		93935	48158	45778	93935	48158	45778		93935	48158	45778	93935	48158	45778	
50~54岁	116218	59367	56851	116218	59367	56851		116218	59367	56851	116218	59367	56851		116218	59367	56851	116218	59367	56851	
55~59岁	118399	59706	58693	118399	59706	58693		118399	59706	58693	118399	59706	58693		118399	59706	58693	118399	59706	58693	
60~64岁	92330	46378	45952	92330	46378	45952		92330	46378	45952	92330	46378	45952		92330	46378	45952	92330	46378	45952	
65~69岁	69197	34137	35060	69197	34137	35060		69197	34137	35060	69197	34137	35060		69197	34137	35060	69197	34137	35060	
70~74岁	62532	30094	32438	62532	30094	32438		62532	30094	32438	62532	30094	32438		62532	30094	32438	62532	30094	32438	
75~79岁	36820	17046	19774	36820	17046	19774		36820	17046	19774	36820	17046	19774		36820	17046	19774	36820	17046	19774	
80岁以上	32937	14217	18721	32937	14217	18721		32937	14217	18721	32937	14217	18721		32937	14217	18721	32937	14217	18721	
合计	1414695	727114	687580	1433275	736913	696362		1420374	730116	690257	1437903	739351	698552		1425024	732570	692455	1446156	743696	702461	

续表

2030年	低方案						中方案						高方案					
	单独二孩			全面二孩			单独二孩			全面二孩			单独二孩			全面二孩		
	合计	男性	女性	合计	男性	女性	合计	男性	女性	合计	男性	女性	合计	男性	女性	合计	男性	女性
0~4岁	58285	30291	27994	65806	34200	31606	60165	31269	28897	67686	35177	32509	62045	32246	29800	71446	37131	34315
5~9岁	66437	34795	31642	75010	39285	35725	68580	35917	32663	77153	40407	36746	70724	37040	33684	81439	42652	38787
10~14岁	77481	41142	36339	87473	46443	41030	81013	43019	37993	89955	47758	42197	83516	44348	39168	93915	49854	44061
15~19岁	82962	44535	38428	82962	44535	38428	82962	44535	38428	82962	44535	38428	82962	44535	38428	82962	44535	38428
20~24岁	78457	42243	36215	78457	42243	36215	78457	42243	36215	78457	42243	36215	78457	42243	36215	78457	42243	36215
25~29岁	75060	40219	34841	75060	40219	34841	75060	40219	34841	75060	40219	34841	75060	40219	34841	75060	40219	34841
30~34岁	78580	41749	36830	78580	41749	36830	78580	41749	36830	78580	41749	36830	78580	41749	36830	78580	41749	36830
35~39岁	105489	55542	49946	105489	55542	49946	105489	55542	49946	105489	55542	49946	105489	55542	49946	105489	55542	49946
40~44岁	127959	66422	61537	127959	66422	61537	127959	66422	61537	127959	66422	61537	127959	66422	61537	127959	66422	61537
45~49岁	97934	50292	47642	97934	50292	47642	97934	50292	47642	97934	50292	47642	97934	50292	47642	97934	50292	47642
50~54岁	92600	47404	45196	92600	47404	45196	92600	47404	45196	92600	47404	45196	92600	47404	45196	92600	47404	45196
55~59岁	113274	57629	55646	113274	57629	55646	113274	57629	55646	113274	57629	55646	113274	57629	55646	113274	57629	55646
60~64岁	113311	56603	56708	113311	56603	56708	113311	56603	56708	113311	56603	56708	113311	56603	56708	113311	56603	56708
65~69岁	85699	42302	43397	85699	42302	43397	85699	42302	43397	85699	42302	43397	85699	42302	43397	85699	42302	43397
70~74岁	60642	29172	31470	60642	29172	31470	60642	29172	31470	60642	29172	31470	60642	29172	31470	60642	29172	31470
75~79岁	51745	23850	27895	51745	23850	27895	51745	23850	27895	51745	23850	27895	51745	23850	27895	51745	23850	27895
80岁以上	42854	18349	24505	42854	18349	24505	42854	18349	24505	42854	18349	24505	42854	18349	24505	42854	18349	24505
合计	1408771	722539	686231	1434856	736239	698617	1416325	726516	689809	1441361	739653	701708	1422852	729945	692907	1453367	745948	707419

续表

2035年	低方案									中方案									高方案								
	单独二孩			全面二孩			单独二孩			全面二孩			单独二孩			全面二孩		
	合计	男性	女性	合计	男性	女性	合计	男性	女性	合计	男性	女性	合计	男性	女性	合计	男性	女性
0~4岁	56215	29138	27077	63603	32967	30635	58077	30103	27974	65450	33925	31525	59925	31061	28864	69136	35836	33301
5~9岁	58225	30265	27960	65738	34171	31567	60103	31242	28862	67616	35147	32469	61981	32218	29763	71373	37099	34273
10~14岁	66399	34775	31624	74967	39262	35705	68541	35896	32645	77109	40383	36725	70683	37018	33665	81392	42627	38765
15~19岁	77443	41120	36324	87431	46419	41012	80973	42996	37977	89912	47732	42179	83476	44325	39151	93870	49828	44042
20~24岁	82896	44495	38401	82896	44495	38401	82896	44495	38401	82896	44495	38401	82896	44495	38401	82896	44495	38401
25~29岁	78371	42192	36179	78371	42192	36179	78371	42192	36179	78371	42192	36179	78371	42192	36179	78371	42192	36179
30~34岁	74953	40161	34792	74953	40161	34792	74953	40161	34792	74953	40161	34792	74953	40161	34792	74953	40161	34792
35~39岁	78410	41662	36748	78410	41662	36748	78410	41662	36748	78410	41662	36748	78410	41662	36748	78410	41662	36748
40~44岁	105086	55337	49749	105086	55337	49749	105086	55337	49749	105086	55337	49749	105086	55337	49749	105086	55337	49749
45~49岁	127118	65994	61124	127118	65994	61124	127118	65994	61124	127118	65994	61124	127118	65994	61124	127118	65994	61124
50~54岁	96738	49649	47088	96738	49649	47088	96738	49649	47088	96738	49649	47088	96738	49649	47088	96738	49649	47088
55~59岁	90424	46164	44261	90424	46164	44261	90424	46164	44261	90424	46164	44261	90424	46164	44261	90424	46164	44261
60~64岁	108565	54825	53740	108565	54825	53740	108565	54825	53740	108565	54825	53740	108565	54825	53740	108565	54825	53740
65~69岁	105539	51975	53563	105539	51975	53563	105539	51975	53563	105539	51975	53563	105539	51975	53563	105539	51975	53563
70~74岁	75793	36656	39138	75793	36656	39138	75793	36656	39138	75793	36656	39138	75793	36656	39138	75793	36656	39138
75~79岁	50508	23447	27060	50508	23447	27060	50508	23447	27060	50508	23447	27060	50508	23447	27060	50508	23447	27060
80岁以上	58461	25119	33341	58461	25119	33341	58461	25119	33341	58461	25119	33341	58461	25119	33341	58461	25119	33341
合计	1391144	712974	678170	1424599	730494	694105	1400556	717914	682642	1432948	734864	698084	1408926	722298	686628	1448632	743066	705567

续表

2040年	低方案						中方案						高方案					
	单独二孩			全面二孩			单独二孩			全面二孩			单独二孩			全面二孩		
	合计	男性	女性	合计	男性	女性	合计	男性	女性	合计	男性	女性	合计	男性	女性	合计	男性	女性
0~4岁	56674	29401	27273	65691	34078	31613	59097	30658	28439	67968	35259	32708	61357	31830	29527	72411	37564	34847
5~9岁	56163	29119	27044	63544	32946	30598	58024	30084	27940	65390	33903	31487	59870	31041	28829	69073	35812	33260
10~14岁	58195	30251	27944	65704	34154	31550	60072	31227	28845	67581	35130	32451	61949	32203	29747	71336	37082	34254
15~19岁	66372	34762	31611	74937	39247	35689	68514	35883	32630	77078	40369	36709	70655	37005	33650	81360	42611	38748
20~24岁	77392	41094	36298	87374	46390	40984	80920	42970	37950	89853	47703	42150	83421	44297	39124	93809	49797	44012
25~29岁	82821	44458	38363	82821	44458	38363	82821	44458	38363	82821	44458	38363	82821	44458	38363	82821	44458	38363
30~34岁	78278	42150	36128	78278	42150	36128	78278	42150	36128	78278	42150	36128	78278	42150	36128	78278	42150	36128
35~39岁	74821	40104	34717	74821	40104	34717	74821	40104	34717	74821	40104	34717	74821	40104	34717	74821	40104	34717
40~44岁	78155	41551	36604	78155	41551	36604	78155	41551	36604	78155	41551	36604	78155	41551	36604	78155	41551	36604
45~49岁	104443	55049	49394	104443	55049	49394	104443	55049	49394	104443	55049	49394	104443	55049	49394	104443	55049	49394
50~54岁	125727	65322	60405	125727	65322	60405	125727	65322	60405	125727	65322	60405	125727	65322	60405	125727	65322	60405
55~59岁	94809	48645	46164	94809	48645	46164	94809	48645	46164	94809	48645	46164	94809	48645	46164	94809	48645	46164
60~64岁	86974	44238	42737	86974	44238	42737	86974	44238	42737	86974	44238	42737	86974	44238	42737	86974	44238	42737
65~69岁	101437	50791	50646	101437	50791	50646	101437	50791	50646	101437	50791	50646	101437	50791	50646	101437	50791	50646
70~74岁	93728	45518	48210	93728	45518	48210	93728	45518	48210	93728	45518	48210	93728	45518	48210	93728	45518	48210
75~79岁	64152	30341	33810	64152	30341	33810	64152	30341	33810	64152	30341	33810	64152	30341	33810	64152	30341	33810
80岁以上	66969	29230	37738	66969	29230	37738	66969	29230	37738	66969	29230	37738	66969	29230	37738	66969	29230	37738
合计	1367111	702024	665087	1409564	724213	685351	1378940	708218	670722	1420185	729761	690423	1389566	713773	675793	1440303	740264	700039

续表

2045年	低方案						中方案						高方案					
	单独二孩			全面二孩			单独二孩			全面二孩			单独二孩			全面二孩		
	合计	男性	女性	合计	男性	女性	合计	男性	女性	合计	男性	女性	合计	男性	女性	合计	男性	女性
0~4岁	55184	28640	26543	66716	34625	32091	58257	30235	28022	69744	36196	33548	61121	31722	29400	75672	39272	36399
5~9岁	56625	29386	27240	65635	34061	31574	59047	30642	28404	67910	35241	32668	61305	31814	29491	72350	37545	34805
10~14岁	56136	29107	27029	63513	32932	30581	57995	30071	27924	65358	33889	31469	59840	31028	28813	69039	35797	33242
15~19岁	58174	30243	27932	65681	34145	31536	60051	31218	28833	67557	35120	32437	61927	32194	29734	71310	37072	34239
20~24岁	66333	34745	31588	74892	39228	35664	68473	35866	32607	77032	40349	36683	70613	36986	33626	81311	42590	38721
25~29岁	77328	41067	36262	87303	46359	40944	80853	42941	37913	89781	47672	42109	83353	44268	39085	93734	49765	43969
30~34岁	82732	44422	38309	82732	44422	38309	82732	44422	38309	82732	44422	38309	82732	44422	38309	82732	44422	38309
35~39岁	78153	42102	36051	78153	42102	36051	78153	42102	36051	78153	42102	36051	78153	42102	36051	78153	42102	36051
40~44岁	74606	40019	34587	74606	40019	34587	74606	40019	34587	74606	40019	34587	74606	40019	34587	74606	40019	34587
45~49岁	77714	41368	36345	77714	41368	36345	77714	41368	36345	77714	41368	36345	77714	41368	36345	77714	41368	36345
50~54岁	103299	54523	48776	103299	54523	48776	103299	54523	48776	103299	54523	48776	103299	54523	48776	103299	54523	48776
55~59岁	123325	64120	59205	123325	64120	59205	123325	64120	59205	123325	64120	59205	123325	64120	59205	123325	64120	59205
60~64岁	91546	46888	44658	91546	46888	44658	91546	46888	44658	91546	46888	44658	91546	46888	44658	91546	46888	44658
65~69岁	81455	41191	40264	81455	41191	40264	81455	41191	40264	81455	41191	40264	81455	41191	40264	81455	41191	40264
70~74岁	89967	44560	45408	89967	44560	45408	89967	44560	45408	89967	44560	45408	89967	44560	45408	89967	44560	45408
75~79岁	79480	37959	41521	79480	37959	41521	79480	37959	41521	79480	37959	41521	79480	37959	41521	79480	37959	41521
80岁以上	81775	36681	45094	81775	36681	45094	81775	36681	45094	81775	36681	45094	81775	36681	45094	81775	36681	45094
合计	1333833	687021	646812	1387793	715184	672608	1348728	694807	653921	1401434	722301	679133	1362212	701846	660366	1427469	735876	691593

续表

2050年	低方案								中方案								高方案							
	单独二孩			全面二孩					单独二孩			全面二孩					单独二孩			全面二孩				
	合计	男性	女性	合计	男性	女性			合计	男性	女性	合计	男性	女性			合计	男性	女性	合计	男性	女性		
0~4岁	50818	26375	24443	63536	32975	30560			54046	28050	25995	66955	34750	32205			57181	29677	27503	73812	38309	35504		
5~9岁	55137	28626	26511	66659	34607	32052			58207	30220	27988	69684	36178	33507			61069	31705	29364	75607	39252	36355		
10~14岁	56598	29373	27224	65603	34047	31557			59018	30629	28388	67877	35226	32650			61275	31801	29474	72315	37529	34785		
15~19岁	56116	29099	27017	63490	32923	30568			57975	30063	27912	65335	33879	31456			59819	31019	28800	69015	35787	33227		
20~24岁	58140	30228	27912	65642	34128	31514			60015	31203	28813	67517	35103	32414			61891	32178	29713	71268	37053	34215		
25~29岁	66278	34721	31556	74830	39202	35628			68416	35841	32574	76968	40322	36646			70554	36961	33592	81244	42562	38682		
30~34岁	77243	41033	36210	87209	46322	40886			80765	42906	37858	89684	47634	42050			83262	44232	39029	93633	49725	43908		
35~39岁	82599	44372	38227	82599	44372	38227			82599	44372	38227	82599	44372	38227			82599	44372	38227	82599	44372	38227		
40~44岁	77930	42014	35916	77930	42014	35916			77930	42014	35916	77930	42014	35916			77930	42014	35916	77930	42014	35916		
45~49岁	74202	39851	34352	74202	39851	34352			74202	39851	34352	74202	39851	34352			74202	39851	34352	74202	39851	34352		
50~54岁	76872	40977	35895	76872	40977	35895			76872	40977	35895	76872	40977	35895			76872	40977	35895	76872	40977	35895		
55~59岁	101199	53451	47748	101199	53451	47748			101199	53451	47748	101199	53451	47748			101199	53451	47748	101199	53451	47748		
60~64岁	119024	61776	57248	119024	61776	57248			119024	61776	57248	119024	61776	57248			119024	61776	57248	119024	61776	57248		
65~69岁	86037	43829	42208	86037	43829	42208			86037	43829	42208	86037	43829	42208			86037	43829	42208	86037	43829	42208		
70~74岁	72192	36107	36085	72192	36107	36085			72192	36107	36085	72192	36107	36085			72192	36107	36085	72192	36107	36085		
75~79岁	75800	36914	38886	75800	36914	38886			75800	36914	38886	75800	36914	38886			75800	36914	38886	75800	36914	38886		
80岁以上	100170	45733	54437	100170	45733	54437			100170	45733	54437	100170	45733	54437			100170	45733	54437	100170	45733	54437		
合计	1286355	664479	621876	1352994	699227	653767			1304467	673936	630531	1370045	708115	661930			1321076	682597	638478	1402919	725241	677678		

参考文献

[1] Angus Deaton, Jean Dreze. Food and Nutrition in India: Facts and Interpretations. *Economic & Political Weekly*, 2009 (7).

[2] Barten, A. Family Composition, Prices, and Expenditure Patterns//P. Hart, G. Mills, and J. K. Whitaker, (ed). Econometric Analysis for National Economic Planning: 16th Symposium of the Colston Society. London: Butterwoeth, 1964.

[3] Blau, David M. Fertility, Child Nutrition, and Child Mortality in Nicaragua: An Economic Analysis of Interrelationships. *The Journal of Developing Areas*, 1986, 20 (2): 185 – 202.

[4] Blaylock, J. Adult Equivalence Scales and the Size Distribution of Income. *Applied Economics*, 1990 (22): 1611 – 1623.

[5] Blaylock, J. The Impact of Equivalence Scales on the Analysis of Income and Food Spending Distributions. *Western Journal of Agricultural Economics*, 1991, 16 (1): 11 – 20.

[6] Blaylock, J., D. Smallwood. Analysis of Income and Food Expenditure Distributions: A Flexible Approach. *Review of Economics and Statistics*, 1982 (64): 104 – 109.

[7] Blaylock, J., D. Smallwood. An Alternative Approach to Defining and Assessing Poverty Thresholds. *Western Journal of Agricultural Economics*, 1986 (11): 100 – 105.

[8] Brown, L. Who Will Feed China, Wake – up Call for a Small Planet. W. W. Norton, New York, 1995.

[9] Buse, R., L. Salathe. Adult Equivalent Scales: An Alternative Approach. *American Journal of Agricultural Economics*, 1978, 60 (3): 460 – 468.

[10] Carter C., F. Zhong, J. Zhu. China's Role in the 2007 – 2008 Global Food Price Boom and Bust. *Euro Choices*, 2009, 8 (2): 17 – 23.

[11] Chan, Kam Wing and Ying Hu. Urbanization in China in the 1990s: New Definition, Different Series, and Revised Trends. *The China Review*, 2003, 3 (2): 49 – 71.

[12] Chan, Kam Wing. Recent migration in China: Patterns, Trends, and Policies. *Asian Perspectives*, 2001, 25 (4): 127 – 155.

[13] Chavas, J., A. Citzler. On the Economics of Household Composition. *Applied Economics*, 1988 (20): 1401 – 1418.

[14] Deaton, A. and J. Dreze. Food and Nutrition in India: Facts and Interpretations. *Economic & Political Weekly*, 2009, XLIV (7): 42 – 65.

[15] Deaton, A. S., Paxson, C. Economics of Scale, Household Size and the Demand for Food. *Journal of Political Economy*, 1998, 106 (5): 897 – 930.

[16] Deaton, A. S, Paxson, C. Engel's What? A Response to Gan and Vernon. *Journal of Political Economy*, 2003.

[17] Du, S., B. Lu, F. Zhai and B. Pokin. A New Stage of the Nutrition in China. *Public Health Nutrition*, 2002, 5 (1A): 169 – 74.

[18] Engel, E. Die Lebenskosten Belgisher Arbeiter – Familien Fruher and Jetzt. *International Statistical Institute Bulletin*, 1893 (9): I – 74.

[19] Fan, S., E. Wailes, and G. Cramer. Household Demand in Rural China: A Two – Stage LES – AIDS Model. *American Journal of Agricultural Economics*, 1995 (77): 847 – 858.

[20] Feng Lu. Feed Demand and Its Impact on Grain Economy in China: Paper Presented at the *OECD Workshop on China's Agricultural Policy*. December, Paris, 1996: 12 – 13.

[21] Fengying Zhai, Huijun Wang, Shufa Du, Yuna He, Zhihong Wang, Keyou Ge, and Barry M Popkin. Prospective Study on Nutrition Transition in China. *Nutrition Review*, 2009 (67): 556 – 561.

[22] Food and Agricultural Organization (FAO). Human Energy Requirements— Report of a Joint FAO/WHO/UNU Expert Consultation. Rome, 2001: 17 – 24 October. Available from < ftp: //ftpp. fao. org/docrep/fao/007/y5686e/y5686e00. pdf >.

[23] Freedman. M. Labor Market: Segments and Shelters. Totowa. NJ: Rowman and Allanheld, 1976.

[24] Gan, L. Vernon, V. Testing the Barten Model of Economies of Scale in Household Consumption: Toward Resolving a Paradox of Deaton Paxson, *Journal of Political Economy*, 2003, 111 (6).

[25] Gould, B., H. Villarreal. Adult Equivalence Scales and Food Expenditures: An Application to Mexican Beef and Pork Purchases. *Applied Economics*, 2002 (34): 1075 – 1088.

[26] Guo, Zhigang and Wei Chen. Below Replacement Fertility in Mainland China, // Zhongwai Zhao and Fei Guo, (eds.) Transition and Challenge: China's Population at the Beginning of the 21th Century. *Oxford: Oxford University Press*, 2007: 54 – 70.

[27] Jikun Huang and Scott Rozelle. Market Development and Food Demand in Rural, *China Economic Review*, 1998, 9 (1): 25 – 45.

[28] Jikun Huang, Howarth Bouis. Structural Changes in the Demand for Food in Asia. IFPRI2020 Discussion Paper, *Intenational Food Policy Research Institute*, Washington, D. C, 1995.

[29] Lanjouw, P. Ravallion, M. Poverty and Household Size. *The Economic Journal*, 1995, 105 (Nov): 1415 – 1434.

[30] Lewbel, A. A Unified Approach to Incorporating Demographic or Other Effects into Demand Systems. *The Review of Economic Studies*, 1985, 52 (1): 1 – 18.

[31] Meenakshi, J., R. Ray. Impact of Household Size and Family Composition on Poverty in Rural India. *Journal of Policy Modeling*, 2002 (24): 539 – 559.

[32] Mellor, J. Food Prospects for Developing Countries. *American Economic Review*. 1983, 73 (2): 239 – 243.

[33] Mellor, J. and B. Johnston. The World Food Equation: Interrelations Among Development, Employment and Food Consumption. *Journal of Economic Literature*, 1984 (XXII): 531 – 574.

[34] Meng, X., X. Gong and Y. Wang. Impact of Income Growth and Economic Reform on Nutrition Availability in Urban China: 1986 – 2000. *Economic Development and Cultural Change*, 2009, 57 (2): 261 – 95.

[35] Merli, Giovanna M., and Herbert L, Smith. Has the Chinese Family Planning Policy Been Successful in Changing Fertility Preferences? *Demography*, 2002, 39 (3): 557 – 572.

[36] Muellbauer, J. Household Composition, Engel Curve and Welfare Comparisons between Households: A Duality Approach. *European Economic Review*, 1974 (5): 103 – 122.

[37] Muellbauer, J. Aggregation, Income Distribution and Consumer Demand. *Review of Economic Studies*, 1975 (62): 525 – 543.

[38] National Bureau of Statistics (NBS), *China Statistical Yearbook*. Beijing: Statistical Publishing House, Various Years.

[39] National Bureau of Statistics, Department of Population, Social, Science

and Technology Statistics, China Population Statistical Yearbook. Beijing: Statistical Publishing House, Various Years.

［40］ Nikos Alexandratos. China's Consumption of Cereals and the Capacity of the Rest of the world to Increase Exports. *Food Policy*, 1997, 22 (3): 253-267.

［41］ Piore, M. J. Historical Perspectives and the Interpretation of Unemployment. Journal of Economic Citeyature, December, 1987.

［42］ Pollak, A, T. Wales. Demographic Variables in Demand Analysis. *Econometrica*, 1981 (49): 1533-1551.

［43］ Prais, S. and S. Houthakker. The Analysis of Family Budgets. *Cambridge University Press*, Cambridge, UK, 1955.

［44］ Rosegrant, M. M. Agcaoili-Sombilla and N. Perez. Global Food Projections to 2020: Implications for Investment. *International Food Policy Research Institute*. , Washington D. C, 1995.

［45］ Scott Rozelle, Jikun Huang. Supply, Demand and Trade of Agricultural Commodities in China Marketing Opportunities; World Trade Competition, *Agricultural Outlook Forum*99. Feb 23, 1999.

［46］ Sharmistha Bagchi-Sen. Structural Determinants of Occupational Shifts and Females in the U. S Labor Market, *Professional Geographer* 47, 1995.

［47］ Sheets R. G. , R. Smith and K. Voytek. Corporate Disinvestment and Metropolitan manufacturing Job loss. *Social Science Quarterly*, 1985 (66).

［48］ Steven T. Yen, Cheng Fang, Shew-Juan Su. Household Food Demand in Urban China: A Censored System Approach, *Journal of Comparative Economics*. 2004 (23): 564-585.

［49］ Svedberg, P. Child Malnutrition in India and China. 2020 Focus Brief on the World's Poor and Hungry People. Washington D. C. : IFPRI, 2007.

［50］ Sydenstricker, E. , W. King. The Movement of Relative Economic Status of Families. *Quarterly Publication of American Statistics Association*, 1921 (18): 842-857.

［51］ Tong Han, Gail L. Cramer and Thomas I. WahI. Rural Household Food Consumption in China: Evidence from the Rural Household Survey, *for Presentation at the* 1997 *WAEA Meeting*, July 13-16, Reno, NY.

［52］ Wang feng. Can China Afford to Continue Its One-Child Policy? *Asia Pacific Issue*, Honolulu: East-West Center, 2005 (17): 1-12.

［53］ Yen, S. , C. Fang and S. Su. Household Food Demand in Urban China: A Censored System Approach. *Journal of Comparative Economics*, 2004 (23): 564-585.

[54] 巴里·诺顿：《中国经济：转型与增长》，安佳译，上海人民出版社，2010年。

[55] 陈卫：《中国未来人口发展趋势：2005—2050年》，《人口研究》2006年第4期。

[56] 蔡昉：《人口转变、人口红利与经济增长可持续性——兼论充分就业如何促进经济增长》，《人口研究》2004年第2期。

[57] 程国强、陈良彪：《中国粮食需求的长期趋势》，《中国农村观察》1998年第3期。

[58] 丁蜀、徐桂琼：《经济转型与中国人口职业结构的变动》，《中国人口科学》1999年第5期。

[59] 封志明：《中国未来人口发展的粮食安全与耕地保障》，《人口研究》2007年第2期。

[60] 封志明、史登峰：《近20年来中国食物消费变化与膳食营养状况评价》，《资源科学》2006年第1期。

[61] 高启杰：《城乡居民粮食消费情况分析与预测》，《中国农村经济》2004年第10期。

[62] 国家发展和改革委员会价格司：《全国农产品成本收益资料汇编(2009)》，中国统计出版社，2009年。

[63] 国家统计局农村社会经济调查司：《中国农村住户调查年鉴（2010）》，中国统计出版社，2011年。

[64] 《国家人口发展战略研究报告》，研究部，2006年。

[65] 胡小平、郭晓慧：《2020年中国粮食需求结构分析及预测——基于应用标准的视角》，《中国农村经济》2010年第6期。

[66] 韩玉涛、杨万才、武新乾：《中国人口预测的半参数自回归模型》，《河南科技大学学报》（自然科学版）2011年第32卷第1期。

[67] 黄季焜：《迈向21世纪的中国粮食》，研究报告，1995年第11月。

[68] K. 雷辛格、K. 施密特、R. 潘狄亚罗：《六十亿人口的警示——21世纪的人口增长与食品安全》，中国农业出版社，2003年。

[69] 劳伦·勃兰特、托马斯·罗斯基：《伟大的中国经济转型》，上海人民出版社，2008年。

[70] 李成贵：《中国粮食消费：数据及有关问题的思考》，《中国农村经济》2000年第9期。

[71] 李建民：《当代中国的人口转变》，《人口研究》2009年第8期。

[72] 梁书民、孙庆珍：《中国食物消费与供给中长期预测》，《中国食物与

营养》2006 年第 2 期。

[73] 刘志澄：《中国粮食之研究》，中国农业科技出版社，1989 年。

[74] 刘华、钟甫宁：《食物消费与需求弹性——基于成绩居民微观数据的实证分析》，《南京农业大学学报》（社会科学版）2009 年第 3 期。

[75] 罗良国、李宁辉、杨建仓：《中国粮食供求状况分析》，《农业经济问题》2005 年第 2 期。

[76] 蒋乃华：《全国及分省肉类产品统计数据调整的理论和方法》，《农业技术经济》2002 年第 6 期。

[77] 蒋乃华、辛贤、尹坚：《我国城乡居民畜产品消费的影响因素分析》，《中国农村经济》2002 年第 12 期。

[78] 马晓河：《中长期粮食供求状况分析与政策思路》，研究报告，1996 年 12 月。

[79] 马晓河：《我国中长期粮食供求状况分析及对策思路》，《管理世界》1997 年第 3 期。

[80] 速水佑次郎、神门善久：《农业经济论（新版）》，中国农业出版社，2003 年。

[81] 孙江明、钟甫宁：《农村居民收入分配状况及其对消费需求的影响》，《中国农村观察》2000 年第 5 期。

[82] 王金营、付秀彬：《考虑人口年龄结构变动的中国消费函数计量分析——兼论中国人口老龄化对消费的影响》，《人口研究》2006 年第 1 期。

[83] 夏乐平：《1979—2000 年中国人口生育趋势：出生数据和教育数据的比较》，《人口研究》2005 年第 5 期。

[84] 许世卫：《中国食物发展与区域比较研究》，中国农业出版社，2001 年。

[85] 肖国安：《未来十年中国粮食供求预测》，《中国农村经济》2002 年第 7 期。

[86] 杨月欣、王光亚、潘兴昌：《中国食物成分表 2002》，北京大学医学出版社，2002 年。

[87] 于学军：《对第五次全国人口普查数据中总量和结构的估计》，《人口研究》2003 年第 3 期。

[88] 张帆：《中国的粮食消费与需求》，《管理世界》1998 年第 4 期。

[89] 张羚广、蒋正华、林宝：《人口信息分析技术》，中国社会科学出版社，2006 年。

[90] 中国营养学会：《中国居民膳食营养素参考摄入量》，中国轻工业出版

社，2001年。

［91］钟甫宁：《世界粮食危机引发的思考》，《农业经济问题》2009年第4期。

［92］周振华：《增长轴心转移：中国推进城市化推动型经济增长阶段》，《经济研究》1995年第1期。

［93］朱兴造、庞飞宇：《自回归及Logistic离散模型在中国人口预测中的应用》，《统计与决策》2009年第13期。

［94］中国疾病预防控制中心营养与食品安全所：《中国食物成分表2004》，北京大学医学出版社，2004年。

［95］唐华俊：《新形势下中国粮食自给战略》，《农业经济问题》2014年第2期。

［96］任继周：《我国传统农业结构不改变不行了——粮食九连增后的隐忧》，《草业学报》2013年第3期。

［97］宋小青、欧阳竹：《1999—2007年中国粮食安全的关键影响因素》，《地理学报》2012年第6期。

［98］唐华俊、李哲敏：《基于中国居民平衡膳食模式的人均粮食需求量研究》，《中国农业科学》2012年第11期。

［99］李国祥：《2003年以来中国农产品价格上涨分析》，《中国农村经济》2011年第2期。

［100］钟甫宁：《关于当前粮食安全的形势判断和政策建议》，《农业经济与管理》2011年第1期。

［101］胡小平、郭晓慧：《2020年中国粮食需求结构分析及预测——基于营养标准的视角》，《中国农村经济》2010年第6期。

［102］谭斌、谭洪卓、刘明、田晓红、李爱科、林家永：《粮食（全谷物）的营养与健康》，《中国粮油学报》2010年第4期。

［103］吴泽斌、刘卫东：《基于粮食安全的耕地保护区域经济补偿标准测算》，《自然资源学报》2009年第12期。

［104］谭斌、谭洪卓、刘明、田晓红、李爱科、林家永：《全谷物食品的国内外发展现状与趋势》，《中国食物与营养》2009年第9期。

［105］国务院发展研究中心课题组、韩俊、徐小青：《我国粮食生产能力与供求平衡的整体性战略框架》，《改革》2009年第6期。

［106］张永恩、褚庆全、王宏广：《城镇化进程中的中国粮食安全形势和对策》，《农业现代化研究》2009年第3期。

［107］杨春：《中国主要粮食作物生产布局变迁及区位优化研究》，浙江大

学论文，2009年。

[108] 马永欢、牛文元：《基于粮食安全的中国粮食需求预测与耕地资源配置研究》，《中国软科学》2009年第3期。

[109] 封志明、杨艳昭、张晶：《中国基于人粮关系的土地资源承载力研究：从分县到全国》，《自然资源学报》2008年第5期。

[110] 蔡昉：《刘易斯转折点后的农业发展政策选择》，《中国农村经济》2008年第8期。

[111] 李波、张俊飚、李海鹏：《我国中长期粮食需求分析及预测》，《中国稻米》2008年第3期。

[112] 贺一梅、杨子生：《基于粮食安全的区域人均粮食需求量分析》，《全国商情》（经济理论研究）2008年第7期。

[113] 卢锋、谢亚：《我国粮食供求与价格走势（1980～2007）——粮价波动、宏观稳定及粮食安全问题探讨》，《管理世界》2008年第3期。

[114] 赵志坚、胡小娟：《我国城乡居民消费结构比较分析》，《消费经济》2007年第5期。

[115] 封志明：《中国未来人口发展的粮食安全与耕地保障》，《人口研究》2007年第2期。

[116] 王恩胡、李录堂：《中国食品消费结构的演进与农业发展战略》，《中国农村观察》2007年第2期。

[117] 李哲敏：《近50年中国居民食物消费与营养发展的变化特点》，《资源科学》2007年第6期。

[118] 周津春：《农村居民食物消费的AIDS模型研究》，《中国农村观察》2006年第6期。

[119] 封志明、史登峰：《近20年来中国食物消费变化与膳食营养状况评价》，《资源科学》2006年第6期。

[120] 高帆：《中国粮食安全的测度：一个指标体系》，《经济理论与经济管理》2005年第12期。

[121] 许世卫：《中国食物消费与浪费分析》，《中国食物与营养》2005年第11期。

[122] 高帆：《中国粮食安全研究的新进展：一个文献综述》，《江海学刊》2005年第5期。

[123] 李晶、任志远、周自翔：《区域粮食安全性分析与预测——以陕西省关中地区为例》，《资源科学》2005年第4期。

[124] 任继周、南志标、林慧龙：《以食物系统保证食物（含粮食）安

全——实行草地农业，全面发展食物系统生产潜力》，《草业学报》2005年第3期。

［125］张广翠：《中国粮食安全的现状与前瞻》，《人口学刊》2005年第3期。

［126］陈百明、周小萍：《中国粮食自给率与耕地资源安全底线的探讨》，《经济地理》2005年第2期。

［127］章秀福、王丹英、方福平、曾衍坤、廖西元：《中国粮食安全和水稻生产》，《农业现代化研究》2005年第2期。

［128］姜长云：《关于我国粮食安全的若干思考》，《农业经济问题》2005年第2期。

［129］罗良国、李宁辉、杨建仓：《中国粮食供求状况分析》，《农业经济问题》2005年第2期。

［130］吕新业：《我国粮食安全现状及未来发展战略》，《农业经济问题》2003年第11期。

［131］吴志华、胡学君：《中国粮食安全研究述评》，《江海学刊》2003年第3期。

［132］丁声俊、朱立志：《世界粮食安全问题现状》，《中国农村经济》2003年第3期。

［133］游建章：《粮食安全经济学：一个标准模型分析框架》，《农业经济问题》2003年第3期。

［134］张车伟：《营养、健康与效率——来自中国贫困农村的证据》，《经济研究》2003年第1期。

［135］马九杰、张传宗：《中国粮食储备规模模拟优化与政策分析》，《管理世界》2002年第9期。

［136］肖国安：《未来十年中国粮食供求预测》，《中国农村经济》2002年第7期。

［137］李伯重：《历史上的经济革命与经济史的研究方法》，《中国社会科学》2001年第6期。

［138］杜树发、吕冰、王志宏、翟凤英、Barry Popkin：《中国居民膳食的变迁》，《卫生研究》2001年第4期。

［139］傅泽强、蔡运龙、杨友孝、戴尔阜：《中国粮食安全与耕地资源变化的相关分析》，《自然资源学报》2001年第4期。

［140］王铮、郑一萍：《全球变化对中国粮食安全的影响分析》，《地理研究》2001年第3期。

[141] 袁学国：《我国城乡居民畜产品消费研究》，中国农业科学院论文，2001年。

[142] 马九杰、张象枢、顾海兵：《粮食安全衡量及预警指标体系研究》，《管理世界》2001年第1期。

[143] 胡靖：《中国粮食安全：公共品属性与长期调控重点》，《中国农村观察》2000年第4期。

[144] 李志强、王济民：《我国畜产品消费及消费市场前景分析》，《中国农村经济》2000年第7期。

[145] 史培军、杨明川、陈世敏：《中国粮食自给率水平与安全性研究》，《北京师范大学学报》（社会科学版）1999年第6期。

[146] 黄季：《社会发展、城市化和食物消费》，《中国社会科学》1999年第4期。

[147] 程国强、陈良彪：《中国粮食需求的长期趋势》，《中国农村观察》1998年第3期。

[148] 卢锋：《粮食禁运风险与粮食贸易政策调整》，《中国社会科学》1998年第2期。

[149] 李志强、赵忠萍、吴玉华：《中国粮食安全预警分析》，《中国农村经济》1998年第1期。

[150] 樊胜根、莫塞迪塔·索姆比拉、刘庆华：《中国未来粮食供求预测的差别》，《中国农村观察》1997年第3期。

[151] 朱泽：《中国粮食安全状况研究》，《中国农村经济》1997年第5期。

[152] 鲁奇、吕鸣伦：《五十年代以来我国粮食生产地域格局变化趋势及原因初探》，《地理科学进展》1997年第1期。

[153] 马晓河：《我国中长期粮食供求状况分析及对策思路》，《中国农村经济》1997年第3期。

[154] 梅方权：《21世纪前期中国粮食发展分析》，《中国软科学》1995年第11期。

[155] 林毅夫：《90年代中国农村改革的主要问题与展望》，《管理世界》1994年第3期。

[156] 吴承明：《中国近代农业生产力的考察》，《中国经济史研究》1989年第2期。

[157] 克鲁格、刘丽明：《寻租社会的政治经济学》，《经济社会体制比较》1988年第5期。

[158] 傅兆翔：《中国粮食消费现状分析及展望》，《农业展望》2017年第

5 期。

[159] 管金宇：《区域粮食供需平衡中的政府管理责任研究》，西北农林科技大学论文，2016 年。

[160] 侯国庆、于旭红、闫文彬：《居民收入、营养消费对我国粮食需求变化的影响》，《粮食科技与经济》2015 年第 5 期。

[161] 陈笑、张正河：《城镇化背景下我国城乡居民粮食消费结构分析》，《企业改革与管理》2015 年第 15 期。

[162] 王松梅：《影响粮食消费的主要因素》，《当代经济》2015 年第 22 期。

[163] 周竹君：《基于城镇化视角的中国粮食消费研究》，中国农业大学论文，2015 年。

[164] 张小凤：《我国经济发展进程中的粮食安全问题研究》，福建师范大学论文，2015 年。

[165] 周竹君：《当前我国谷物消费需求分析》，《农业技术经济》2015 年第 5 期。

[166] 冯璐、武功文、张焱、吴春梅：《粮食作物生产结构与农户粮食消费的演变》，《华南农业大学学报》（社会科学版）2015 年第 1 期。

[167] 杨磊：《我国粮食安全风险分析及粮食安全评价指标体系研究》，《农业现代化研究》2014 年第 6 期。

[168] 罗其友、米健、高明杰：《中国粮食中长期消费需求预测研究》，《中国农业资源与区划》2014 年第 5 期。

[169] 李国祥：《2020 年中国粮食生产能力及其国家粮食安全保障程度分析》，《中国农村经济》2014 年第 5 期。

[170] 李晓俐：《我国粮食消费的发展趋势》，《黑龙江粮食》2014 年第 5 期。

[171] 曾靖：《城镇居民粮食消费增长对我国粮食进口依存度的影响研究》，《农业经济》2014 年第 4 期。

[172] 曲胜杰：《粮食安全视角下的我国粮食产需缺口研究》，西南财经大学论文，2014 年。

[173] 唐华俊：《新形势下中国粮食自给战略》，《农业经济问题》2014 年第 2 期。

[174] 闫琰、王志丹、刘卓：《我国粮食消费现状·影响因素及趋势预测》，《安徽农业科学》2013 年第 35 期。

[175] 赵永刚、吕昭江：《我国粮食需求数量预测模型的构建研究》，《才

智》2013年第23期。

[176] 向晶、钟甫宁:《人口结构变动对未来粮食需求的影响:2010—2050》,《中国人口·资源与环境》2013年第6期。

[177] 杜宇能:《工业化城镇化农业现代化进程中国家粮食安全问题》,中国科学技术大学论文,2013年。

[178] 王禹:《基于营养需求的粮食生产目标研究》,中国农业科学院论文,2013年。

[179] 贾晋、周迪:《中国城乡居民粮食消费预测与结构优化——基于均衡营养目标的视角》,《农业经济与管理》2013年第1期。

[180] 陈永红、刘宏:《中国粮食中长期需求总量与结构分析预测》,《中国食物与营养》2013年第1期。

[181] 王禹:《经济增长对我国城镇居民粮食消费影响实证研究》,《中国食物与营养》2012年第11期。

[182] 吕新业、胡非凡:《2020年我国粮食供需预测分析》,《农业经济问题》2012年第10期。

[183] 孙宝民:《基于国内粮食安全的中国粮食进出口战略研究》,武汉理工大学论文,2012年。

参考数据库:

[1] China Health and Nutrition Survey (CHNS). www.cpc.unc.edu/projects/china/data.

[2] Food and Agricultural Organization Statistics Database (FAOSTAT). http://www.fao.org.

[3] World Development Indicators (WDI). http://www.worldbank.org.

后　记

博士毕业到现在已经有 5 年时间，一起在校学习的朋友们都在各自的研究领域做出了很多成绩。学校给了自己这次出版的机会，真是万分感谢。

本书从人口角度对粮食需求进行研究，结果显示，虽然未来中长期中国将会面临粮食供需偏紧的局面，但粮食安全形势总体可控。但粮食总量均衡只是粮食安全的一个方面，不能忽视随着经济增长，中国居民对食品质量需求的提升，这也导致围绕粮食质量安全、农业生态发展等的研究日益增多。

当然不是说因为中国不存在粮食总量安全问题，有关粮食需求的研究就没有继续的必要。相反，这项研究还需要更多的国家或地区、较长的时间跨度来进行不断完善。目前有关人口变迁对粮食需求影响的国际比较还没有，这是本书研究不足的地方。

中国是个农业大国，也是个人口大国，自然资源有限。虽然国际市场可以作为稳定中国农产品市场的调节器，但从国家安全战略的角度讲，食品供应必然不会过度依赖国际市场。当前，中国谷物供应已经能够满足国内需求，同时还能根据国际粮食价格适当出口。考虑到玉米、大豆等饲料和油料作物有 30% 需要进口。按照广义的粮食统计口径，我国的粮食自给率大概也只有 85%。由此可见，制定适合我国国情的粮食安全战略，不仅需要充分考虑到人口、收入、价格等因素，还要考虑到食物消费结构。

感谢导师钟甫宁教授，他对从事科研工作的我提出非常高的要求。到现在，我离这个要求还很远，但这并不妨碍自己对做科学研究的郑重。本书算是我学术生涯的一个小记，时刻提醒自己前阻且长，须正心努力才行。